WODKA FÜR DEN TORWART

11 Fußball-Geschichten aus der Ukraine

Olexandr Hawrosch, Tanja Maljartschuk, Irena Karpa, Maxym Kidruk,
Andrij Kokotjucha, Natalka Sniadanko, Artem Tschech,
Saschko Uschkalow, Jurij Wynnytschuk,
Oksana Sabuschko, Serhij Zhadan

Herausgegeben und ins Deutsche übertragen vom
Verein translit e.V.

edition.fotoTAPETA
Berlin

Inhalt

7	Vorwort
11	Maxym Kidruk Der Transfer
40	Serhij Zhadan Weiße Hemden, schwarzen Hosen
62	Jurij Wynnytschuk Die uns beobachten
89	Irena Karpa Rola, Bola, Futbola
96	Saschko Uschkalow Die Fußballschuhe
121	Natalka Sniadanko Die schöne Schlichtheit des Irrationalen
132	Olexandr Hawrosch Das ukrainische Brasilien
139	Tanja Maljartschuk Kiew – mein persönlicher Reiseführer
156	Oksana Sabuschko Die Ballade vom Abseits
158	Artem Tschech Ein letzter K.o.-Schlag
183	Andrij Kokotjucha Der Nerd und sein Trainer
205	Autorinnen und Autoren
206	Übersetzerinnen und Übersetzer

Vorwort

Das Spiel gerät in Vergessenheit, das Ergebnis aber bleibt.
(Waleri Lobanowski)

Was ist der ukrainische Fußball, was war der sowjetische? Welche Namen sind geblieben? Welche Vereine gibt es? Was bedeutet ein Verein für seine Stadt und wem *gehört* er? Wer sind die ukrainischen Fans und wie leben sie? Ändert die EM 2012 das Leben in der Ukraine? Was denken die Ukrainer über ihre EM-Gegner?

Auf der mentalen Landkarte Europas nimmt die Ukraine noch immer eine Randposition ein. Da schaut man – mit Spannung und Interesse – schon eher nach Polen, EU-Mitglied und Mitveranstalter der EM 2012.

Fußball in der Ukraine

Dabei lieben die Ukrainer Fußball. Auch wenn Eintrittskarten ziemlich teuer sind, ziehen die Ligaspiele Tausende von Zuschauern an; oder man fiebert am Fernseher mit, die Erfolge und Niederlagen der Mannschaften – ob international oder bei der eigenen Meisterschaft – sind überall Gesprächsthema.

Die Ukraine kann auf eine große Fußballgeschichte zurückblicken: Als sie noch Teil der Sowjetunion war, brachte das Land viele wichtige Spieler und erfolgreiche Vereine hervor. Man denke nur an den Trainer Waleri Lobanowski, an die Stürmer Oleg Blochin und Igor Belanow und natürlich Dynamo Kiew.

Auch furchtbare Kapitel der ukrainischen Geschichte sind eng mit dem Fußball verbunden. Legenden ranken sich um das so genannte „Todesspiel" zwischen einer Wehrmachtauswahl und dem FC Start 1942 im besetzten Kiew. Die Spieler des FC Start ließen sich trotz Einschüchterungen den Sieg über die Wehrmacht nicht nehmen und etliche bezahlten dafür mit Lagerhaft und Tod.

Nach dem Zusammenbruch der Sowjetunion gingen viele ukrainische Top-Spieler nach Russland oder Westeuropa; dort lockten sichere Karrieren und viel Geld. Trotzdem brachten ukrainische Vereine auch in den 1990er Jahren herausragende Spieler wie Andrij Schewtschenko, Anatolij Timoschtschuk oder Andrej Woronin hervor, die zu den besten der westeuropäischen Ligen zählten oder zählen. Bei der Weltmeisterschaft 2006 stieß die Nationalmannschaft, nach den Trikotfarben die „Gelb-Blauen" genannt, bis ins Viertelfinale vor.

Nach ihren ersten Blütezeiten in den 1980er und 1990er Jahren spielen ukrainische Vereine wie Dynamo Kiew, Schachtar Donezk und Dnipro Dnipropetrowsk auch heute wieder international erfolgreich mit. Besonders Schachtar Donezk – gefördert vom reichsten Ukrainer, dem Oligarchen Rinat Achmetow – ist in den letzten Jahren regelmäßig in der Champions League oder Europa League aufgefallen. In der ostukrainischen Bergbauregion werden internationale Spitzenspieler eingekauft, im August 2009 wurde die neue Donbass Arena eröffnet, im gleichen Jahr gewann Schachtar den UEFA-Pokal. Damit stiften Oligarch und Verein auf regionaler Ebene Identität. Gleichzeitig stärkt Achmetow seinen politischen und wirtschaftlichen Einfluss. Da versteht es sich von selbst, dass Donezk einer der EM-Austragungsorte ist.

„Creating history together" – Die EM 2012

Vielleicht ist Fußball nur ein kleiner Ausschnitt der Gesellschaft. Jedenfalls wurde und wird die Ukraine bisher in Deutschland wenig beachtet: „Unsichtbar" gar nennt sie der Slawist Walter Koschmal. Die Fußball-Europameisterschaft rückt das Land nun in den Mittelpunkt der Aufmerksamkeit im Ausland. Wie Ulrich M. Schmid in der *Neuen Züricher Zeitung* schrieb, darf man „jedoch annehmen, dass die Ukraine erst dann zu einer stabilen kulturellen Identität findet, wenn ihr Selbstbild in Europa auch durch ein passendes Fremdbild ergänzt wird. In diesem Prozess kann die ukrainische Literatur eine wichtige, wenn nicht entscheidende Rolle spielen." Oder auch der Fußball. So hofft die Ukraine auf ihr Sommermärchen, bei dem sie den Gästen und Fernsehzuschauern ein authentisches, klischeefreies Bild ihrer Kultur präsentieren kann.

Es ist eine wichtige Chance für das Land, nachdem die Hoffnungen der Orangen Revolution von 2004 auf Freiheit, Wohlstand und Anbindung an die EU durch jahrelange politische Grabenkämpfe geschwunden sind und mit der aktuellen Politik des Präsidenten Wiktor Janukowytsch vorerst keine Verbesserung in Sicht ist. Die Ukraine ist auf dem Weg zu einer „gelenkten Demokratie" wie in Russland. Das zeigt sich unter anderem im Gerichtsurteil gegen die frühere Ministerpräsidentin und Ikone der Orangen Revolution Julia Tymoschenko, das deutsche und europäische Politiker heftig kritisiert haben.

Der vorliegende Band

Wir wollen in Fußball und Literatur ein Stück Ukraine zeigen – deshalb hat der Übersetzerverein *translit* mit finanzieller Förderung durch die Robert Bosch Stiftung und die DFB-Kulturstiftung elf namhafte Autorinnen und Autoren eingeladen, über ihr Land und den Fußball zu schreiben. Die Texte könnten unterschiedlicher kaum sein. Im Vordergrund stehen Geschichten über, um, mit dem Fußball. Aber auch Porträts von Regionen und Städten sind zu finden. Die elf Autorinnen und Autoren laden ein: zu einem Besuch im Land während der EM, aber auch zu Begegnungen mit Priesteranwärtern, mit KGB-Offizieren und Mafia-Bossen, mit versoffenen Ex-Profis und ganz normalen Fans im Fußballfieber.

Verein translit

Der Transfer

Die Geschichte einer großen Schlappe

Maxym Kidruk

1

Wahrscheinlich ist nun genug Zeit vergangen, und so kann ich einige bislang unbekannte Details über die größte Schlappe unserer berühmtesten Fußballmannschaft verraten. Es geht um den ukrainischen Meister Torpedo Kiew.

Auf den ersten Blick mag euch meine Geschichte unglaubwürdig, ja sogar unwahrscheinlich vorkommen. Aber wer sich noch an die Emotionen erinnert, die das grauenvolle Spiel zwischen dem Meister aus der Hauptstadt und dieser Amateurmannschaft aus der Provinz hochkochen ließ, wird sicher verstehen, worum es in meiner Erzählung geht, und einsehen, dass nichts erfunden ist.

Verblüffend ist vor allem, dass all die Dinge, die zu dieser Schlappe geführt haben, mit Fußball gar nichts zu tun haben. Das klingt merkwürdig, ist aber wahr. Am besten erzähle ich einfach, wie es war.

2

In der Nacht, als Tjomyk und ich aus Kiew abhauten, um uns vor den Mitarbeitern der italienischen Botschaft, der Kiewer Polizei, einer kleinen Schar Fußballfans, vier Vorstehern des FC Torpedo und einigen wütenden Funktionären des ukrainischen Fußballbunds in Sicherheit zu bringen, ging ich in Gedanken die Geschehnisse der letzten zehn Tage wieder und wieder durch, um zu begreifen, wie es zu dieser verworrenen Situation gekommen war. Und dann fielen mir zwei Ereignisse ein, die zu dem geführt hatten, was die Presse zu Recht als „unrühmlichste, peinlichste und beschämendste" Niederlage in der Geschichte der Kiewer Mannschaft bezeichnet hatte.

Den Anstoß zu allen folgenden Ereignissen gab meine Pleite mit den Wegwerfbrillen für die Sonnenfinsternis.

Vielleicht wisst ihr noch, wie Anfang letzten Herbstes die ganze Ukraine der Sonnenfinsternis entgegenfieberte. Weil sie tagsüber eintreten und noch dazu auf einen freien Tag fallen würde und weil es in den Massenmedien schon einen Monat im Voraus kein anderes Thema mehr gab, wollten alle dieses Ereignis mit eigenen Augen verfolgen. Die zentralen Plätze der großen Städte wurden fürs *Public Viewing* hergerichtet, die Leute taten sich zusammen, um die Hochhausdächer zu putzen und von dort aus das Verschwinden des Lichts zu beobachten. Aber keiner hatte daran gedacht, dass der größte Teil der Sonne auch während der Finsternis ziemlich kräftig strahlen und all die Zuschauer, die keine speziellen Schutzgläser trugen, unbarmherzig blenden würde. Daraufhin kam ich auf die glänzende Idee, vor Ort einfache Papp-Sonnenbrillen an die Beobachter zu verkaufen. Eine gründliche Marktanalyse ergab, dass ich allein in den großen Städten zweihundertvierzigtausend Papierbrillen verkaufen könnte!

Ich dachte nicht lange nach und lieh mir bei einem meiner Gangsterfreunde die nötige Summe in US-Dollar (in bar, mit kurzer Laufzeit, aber mit Wahnsinnszinsen), orderte in China einen halben Container Wegwerfbrillen und stellte fünfundachtzig junge Leute ein, Promoter, wie es heute heißt, die die Ware unters Volk bringen sollten.

Der Plan war einwandfrei. Ich kalkulierte jede Brille mit zehn Hrywnia. Was waren schon zehn Hrywnia, wenn es um ein so bedeutsames Ereignis ging. Ich rechnete aus, dass der Selbstkostenpreis einer Produktionseinheit neunundachtzig Kopeken betrug. Da würde ein ordentliches Sümmchen für mich rausspringen. Hätte rausspringen können, aber … das ganze Projekt ging baden. Und alles wegen des verfluchten Wetters. Am Samstag, als diese verdammte Sonne sich verfinsterte, goss es in der Ukraine den ganzen Tag, der Himmel war derart verhangen, dass es während der totalen Finsternis nicht einmal dunkler wurde …

Statt zweihundertvierzigtausend verkaufte ich ganze sieben Stück. Und selbst die runtergesetzt … Der klassische *epic fail*, Kommentar überflüssig.

Nach dieser Pleite rückten mir drei durchtrainierte Schlägertypen – Vertrauenspersonen meines Gläubigers – auf die Pelle und erinnerten mich ständig daran, was sie wollten: *Variante a)* ihre vierundzwanzigtausend Kröten oder *Variante b)* meine Eier. Ersteres hatte ich nicht und vom zweiten wollte ich mich auf gar keinen Fall trennen. Nachdem ich die Hoffnung aufgegeben hatte, dass einer meiner Bekannten mir vorübergehend eine so große Summe leihen würde, suchte ich Hilfe bei meinem Onkel Stjopa. Der arbeitete schon seit sieben Jahren als Schlosser bei Alfa Romeo in Italien.

Onkel Stjopa war eigentlich ein ziemlich taffer Typ. Deshalb erwähnte ich vor meiner Anreise das Geld in weiser Voraussicht lieber nicht. Zuerst ließ ich meinen Onkel einfach wissen, dass ich ihn besuchen käme, und erst später, als ich in Portello, einem Kaff bei Mailand, angekommen war, erklärte ich ihm mein Problem und bat ihn um eine stabilisierende Finanzspritze. Statt meine Finanzen zu sanieren hätte mir Onkel Stjopa beinahe die Fresse poliert. Er sagte, dass es – ich zitiere – „höchste Zeit ist, dich an deinem gewissen Etwas aufzuhängen, und wenn diese Vergewaltiger dich rannehmen, ist das nur zu begrüßen." Ich dankte artig und fuhr nach Mailand zurück. Ich hatte eben noch nie einen guten Draht zu meiner Verwandtschaft.

Das war der erste Grund.

Der zweite Grund für alle weiteren Unannehmlichkeiten war jener verfluchte Transfer, der spektakulärste Neuerwerb der ukrainischen Premier League in der Saisonpause. Unser Fußballgigant Torpedo Kiew kaufte von Inter Mailand den jungen Stürmer Raimondo Giunipero. Die Bosse des Kiewer Klubs legten für den Fußballer eine unerhörte Summe hin, so viel wie das Jahresbudget einer mittleren ukrainischen Provinzstadt, aber alle waren glücklich und zufrieden. Hauptsache, man stellt was dar.

Zum ersten Mal in der Geschichte des ukrainischen Fußballs wechselte ein Spieler dieses Niveaus *in* die Ukraine, sonst gingen immer alle weg. Natürlich berichteten darüber sämtliche Massenmedien, und das Foto des lächelnden blonden Raimondo zierte die Spalten aller ukrainischen Zeitungen und Magazine. Der Fußballer sollte ein für die Ukraine beispielloses Gehalt von einhundertachtzigtausend Euro pro Monat erhalten!

Diese beiden Vorkommnisse waren der Anfang für eine Verkettung von Ereignissen, die zuerst überhaupt nichts miteinander zu tun hatten und sich kaum überschneiden konnten. Das launenhafte Fräulein Fortuna aber hatte anderes vor. Die völlig getrennten Geschichten verflochten sich in der Kabine des neuen Alitalia-Airbus A320 von Mailand nach Kiew. Mit diesem Flugzeug kehrte ich für mein letztes Geld nach Hause zurück. Und mit diesem Flugzeug flogen auch Raimondo Giunipero und sein Agent.

Und dann gab es noch einen dritten, den vielleicht wichtigsten Umstand, ohne den die Geschichte gar nicht zustande gekommen wäre. Ich spreche von der auffallenden Ähnlichkeit zwischen Raimondo Giunipero und Tjomyk, meinem langjährigen Geschäftspartner.

Obwohl Raimondo einen italienischen Pass hat und von Geburt an in Mailand lebt, stammt er ursprünglich aus einer österreichisch-kroatischen Familie und sieht überhaupt nicht wie ein typischer Italiener aus. Der junge Stürmer ist dünn, knochig, hat strahlend blaue Augen und lange mittelblonde Haare, die etwas gelockt sind, und genau so … sieht Tjomyk aus. Sicher sind sich die Jungs nicht so ähnlich wie Zwillinge, aber aus einer gewissen Entfernung kann man sie leicht verwechseln. Ich habe mir nicht nur einmal einen Spaß daraus gemacht, meinen Partner mit der Nase auf „sein" neuestes Foto in einem der vielen Sportblätter zu stoßen. Als die Nachricht über den Transfer von Giunipero zu Torpedo bestätigt und in allen Massenmedien bekannt gegeben wurde, zeigten in der Metro immer wieder Leute auf Tjomyk. Also zog ich ihn noch mehr auf. Völlig daneben. Damals hatte ich noch nicht geschnallt, welchen Profit und welche unglaubliche Perspektive diese seltene und unglaubliche Ähnlichkeit bieten konnte.

Dass das Schicksal mir das sicher schönste Geschenk zuschob, seit ich Geschäftsmann bin, begriff ich eigentlich erst, als sich die ersten zwei Gründe für diese Geschichte im Flugzeug nach Kiew kreuzten …

3

„Guten Abend! Ihre Bordkarte bitte."

Nickend erwiderte ich die Begrüßung und übergab der Stewardess meinen Kartenabschnitt.

„Ihr Platz ist 14 A. Etwas weiter hinten in der Kabine. Linker Hand am Fenster."

Ich nickte noch einmal, warf einen letzten Blick auf das graue Glas-Beton-Gebäude des Flughafens Malpensa und betrat die Kabine. Das mäßige Brausen der Triebwerke, die vor dem Abflug hochgefahren wurden, und das Klappern von Koffern und Taschen, die gemächlich, fast unwillig, auf dem Gepäckband in den Flugzeugbauch krochen, wurde plötzlich dumpfer und fast unhörbar. Die schwülwarme Luft Norditaliens wurde von der kühlen Atmosphäre der Passagierkabine mit ihrem Plastikgeruch abgelöst.

Während ich mich zu meinem Platz vorschob, ging mir durch den Kopf, dass mir jegliche Lust fehlte, in die Ukraine zu fliegen.

Dort warteten schon die Schranktypen, um mir die Fresse zu polieren. Wäre nicht mein Schengenvisum abgelaufen, wäre ich vielleicht in Italien geblieben. Aber mit Botschaftsvertretern und Migrationsbehörden wollte ich mich nicht anlegen, schon gar nicht in einem EU-Land.

Ich war schon fast bei Reihe vierzehn angelangt, als ich plötzlich direkt vor mir Tjomyk bemerkte. Ich war so in all den trüben Gedanken versunken, dass ich beinahe „Hallo, Tjomyk!" gerufen hätte, aber zum Glück besann ich mich rechtzeitig. Eine innere Stimme flüsterte mir zu, dass mein Partner nicht hier sein konnte. Kurz war ich ganz entgeistert, kapierte dann aber, dass ich den berühmten Raimondo Giunipero vor mir hatte! Als ich mir den Stürmer genauer anschaute, schnalzte ich mit der Zunge: Die Ähnlichkeit mit Tjomyk fiel in der Realität noch mehr ins Auge als auf den Fotos.

Der Fußballstar saß auf Platz 15 A, genau hinter mir. Neben ihm, auf Platz 15 B, lümmelte ein stämmiger Typ in einem teuren Anzug, einem Designer-Seidenhemd mit Stehkragen und einem fetten Goldarmband am rechten Handgelenk. Das musste der Agent sein, der den Stürmer in die Ukraine begleiten sollte.

Die Italiener unterhielten sich leise und beachteten mich nicht.

Ich warf meinen Rucksack ins Gepäckfach und sank auf meinen Sitz. Die unerwartete Begegnung hatte mich völlig verwirrt. Ich bemühte mich, meine Gedanken zu ordnen, und überlegte, was ich mit den Schulden machen und wohin ich vor den Gläubigern fliehen sollte. Aber die Gedanken sprangen immer wieder zu Raimondo Giunipero, seinem Agenten, der eher einem Mafioso ähnelte, und ... und zu Tjomyk. Aus diesem Chaos, das in meinem Kopf herrschte, schälten sich zwei Dinge heraus: Erstens musste ich vierundzwanzigtausend Kröten auftreiben, und zwar schnell. Zweitens glichen sich Raimondo und mein Tjomyk wie ein Ei dem anderen.

Die verschiedenen Ideen und Gedanken flimmerten vor meinen Augen wie Kinobilder im Zeitraffer. Natürlich war keiner meiner Pläne auch nur ansatzweise realistisch, die Erfolgsquote kam gerade an die 30 Prozent heran. Ich überlegte hin und her, was tun, und von welcher Seite ich das Problem anpacken sollte. Nur einer Sache war ich mir sicher: Ich konnte sie nicht einfach ziehen lassen. Ich musste den Fußballer und seinen Agenten um jeden Preis aufhalten, sie daran hindern, ins Trainingszentrum von Torpedo zu gelangen. Alles andere würde sich schon finden.

Nach zehn Minuten war das Boarding beendet, und die Stewardessen begannen mit ihrem Sicherheitsballett.

4

Der Himmel war tintenschwarz, als der Airbus A320 seinen Sinkflug begann.

Während der zwei Flugstunden war es mir nicht gelungen, einen realistischen Plan auszuklügeln, der den Mailändern auf ukrainischem Boden ihre Bewegungsfreiheit nehmen würde.

Als ich in Ruhe darüber nachdachte, dämmerte mir, dass meine Aufgabe äußerst komplex war. Um meine Idee erfolgreich in die Tat umzusetzen, musste ich Raimondo und seinen Agenten *mindestens für einen Monat* aus dem Verkehr ziehen. Und zwar so, dass niemand Verdacht schöpfte!

Aber ich gab nicht auf.

Sofort nach der Landung trat ich dem Fußballer wie zufällig auf den Fuß.

„Hey! Guck hin, du Arschloch!", pampte mich der Fußballer an. „Diese Beine sind mehr wert als deine dämliche Birne."

Zum Glück war ich mit den Besonderheiten der italienischen Sprache nicht so vertraut, sonst hätte ich dem Flegel wahrscheinlich buchstäblich seine Bewegungsfreiheit genommen.

„Entschuldige, Kumpel! War keine Absicht."

„Was ist das Problem?", fragte der Agent und trat zwischen uns. „Raimondo, bist du okay? Hat er dich angegriffen? Ich ruf' gleich die Polizei."

„Immer mit der Ruhe, Signore. Sie brauchen nicht die Polizei zu rufen. Ich bin Ihrem Schützling nur versehentlich auf den Fuß getreten. Es ist mir wirklich sehr unangenehm, entschuldigen Sie. Als Wiedergutmachung würde ich Sie gerne ... ähä ... hmmhhhh ... Sie beide in meine Villa am Dnipro einladen ... Ja, ja ... Und abends können wir auf meiner Jacht den Fluss entlang fahren ..."

Das war schamlos gelogen. Natürlich hatte ich weder eine Villa noch eine Jacht, doch ich musste mich irgendwie an die beiden dranhängen.

Der fette Zwerg rückte mir auf die Pelle. Er presste sich gegen meinen Bauch. Dann hüstelte er und führte Raimondo an der Hand von mir weg.

„Vielleicht morgen? Signore?", rief ich hinterher. „Geben Sie mir Ihre Adresse!"

„Lass uns in Ruhe, du Pfeife!", gab der Agent auf Englisch zurück.

Als wir in den Bus stiegen, der uns gemächlich zum neuen, völlig überflüssigen Terminal F brachte, holte ich mein Handy aus der Tasche und wählte die 102.

„Hallo, guten Tag! Ist da die Polizei?", flüsterte ich in den Hörer. „Ich möchte eine Anzeige erstatten. Eben ist Flug PS 312 aus Mailand mit zwei Wiederholungstätern in Borispil gelandet ... Erho...was? ... Nicht Erholungsvätern, sondern Wiederholungstätern! Der eine ist so ein Kräftiger im hellbraunen Businessanzug, der andere ist ein junger Bursche in Trainingsjacke, blauen Jeans und weißen Turnschuhen. In ihrem Koffer sind acht Kilo Koks ... na, Kokain ... Ja, Drogen ... Wie bitte?! Das kann ich nicht sagen! Auf Wiederhören. Mehr kann ich nicht sagen. Tun Sie was ..."

Nach einer halben Stunde, als die meisten Passagiere des Mailänder Flugs durch die Passkontrolle gegangen waren und geduldig an der Gepäckausgabe warteten, kamen zwei Zollbeamte und ein zwanzigköpfiges Sicherheitskommando auf Raimondo und seinen Agenten zu.

Ich stand beim Gepäckband und beobachtete unauffällig, wie sich die Situation entwickelte. Das Sonderkommando durchsuchte zuerst alle Taschen der Italiener und befahl ihnen dann sich auszuziehen, wobei sie das unaufhörliche Kreischen, die Einwände und Drohungen des breitschultrigen Agenten überhörten. Aber natürlich fand das Sonderkommando nichts. Zuletzt kontrollierten sie die Verdächtigen noch einmal und ließen sie dann gehen.

Die wütenden und schrecklich mitgenommenen Italiener gingen zum Ausgang. Ununterbrochen verfluchte der Agent die Ukraine und ihre rohen Sitten. Raimondo schwieg finster, wahrscheinlich bedauerte er schon seine übereilte Entscheidung, zu einem osteuropäischen Klub zu wechseln. Ich fluchte kurz, warf mir die Tasche über die Schulter und eilte ihnen nach.

Ohne einen Preis auszuhandeln, sprang ich vor dem Flughafen ins erstbeste Auto.

„Chef, der Karre nach", sagte ich und zeigte mit dem Finger auf die hellblaue Limousine Hyundai Sonata, in die sich Raimondo Giunipero und sein Agent soeben gesetzt hatten.

Der Fahrer nickte. Der Motor heulte auf und das Auto fuhr auf die Parkplatzausfahrt zu, in einigen Metern Abstand zum Taxi mit den italienischen Gästen.

5

Ich steckte den Kopf aus dem Autofenster und blickte hoch. Eins von Tjomyks Fenstern war erleuchtet. Er ist also zu Hause, dachte ich erleichtert. Darauf zog ich das Handy aus der Tasche, blieb im Auto sitzen und rief ihn an.

„Hallo, Max", antwortete mein Geschäftspartner verschlafen. „Bist du schon gelandet?"

Ich atmete tief ein und schwatzte mit möglichst munterer Stimme los:

„Ja! Ich bin schon hier! In der Heimat! Es ist … so viel passiert. Ich glaube, wir brauchen neue Ideen, Alter!" Ich holte immer weiter aus. „In den letzten Monaten ist unser Geschäft ins Stocken geraten, Kumpel, und unsere Hirne sind atrophiert! Oder etwa nicht? Überleg mal, wie tief wir gesunken sind! Aber ich bin nicht untätig gewesen, Alter, nicht den kleinsten Augenblick! Ich hab' da so einen Deal am Laufen, du machst dir in die Hosen, wenn du das hörst!"

„Wo bist du grade?", unterbrach mich Tjomyk.

„Vor deinem Haus."

„Dann komm hoch und erzähl mir, was los ist."

„Ich … kann … nicht …"

„Warum?"

„Der Taxifahrer lässt mich nicht …"

„Hmmh … Wieviel will er?"

„Dreihundertfünfzig Hrywnia."

„Dann gib ih…", Tjomyk brach mitten im Satz ab, als er kapierte, was los war. „Sag, dass er warten soll, ich bring' das Geld."

Es dauerte nicht lange und mein Partner sprang aus der Tür, bezahlte den Taxifahrer und nahm mich mit rein.

„Bier ist im Kühlschrank. Wenn du Tee willst, mach ihn dir selbst."

Ich nickte dankbar und holte mir eine Flasche Bier.

Als ich zurückkam, lümmelte Tjomyk auf dem Sofa, hielt ein Notebook auf den Knien, knabberte Sonnenblumenkerne und schaute sich die neue Zeichentrickserie „Happy Tree Friends" auf You Tube an.

Ich sank neben ihm aufs Sofa, öffnete die Flasche mit den Zähnen und nahm einige große Schlucke. Dann erklärte ich alles, direkt und ohne Umschweife:

„Tjom, mein Freund, wir können leicht und schnell fette Kohle machen, aber ich brauch' deine Hilfe. Diesmal ist alles hundert Prozent sicher, Alter!"

Artjom schielte argwöhnisch zu mir. Er wusste aus eigener bitterer Erfahrung, wozu neunzig Prozent meiner verrückten Ideen aus der Kategorie „fette Kohle machen" führten.

„Ist es gefährlich?", brummte er.

„Nicht die Spur."

„Bist du sicher? Nicht so wie beim letzten Mal?"

„Natürlich nicht! Alles geht glatt! Das garantier' ich."

„Dann leg' mal los, ich spitz' die Ohren", sagte Artjom und stellte den Film auf Pause.

„Ich bin in einem Flugzeug mit Raimondo Giunipero geflogen!", schoss ich los.

Tjomyk runzelte die Stirn und überlegte, woher er den Namen kannte.

„Das ist der Stürmer von Inter Mailand", erinnerte ich ihn. „Das heißt, der ehemalige Inter-Stürmer. In der neuen Saison spielt er für Torpedo."

„Aha …", sagte mein Kumpel gedehnt. „Ja, jetzt fällt's mir wieder ein … Der Jahrhunderttransfer."

Tjomyk verzog das Gesicht. Offenbar dämmerte ihm was.

„Ich hab' dir diesen Typen ein paar Mal in der Zeitung gezeigt", schwatzte ich währenddessen weiter. „Ihr seht euch total ähnlich! Total. Ich bin ihm und seinem Agenten von Borispil aus hinterher gefahren. Sie wohnen im Hyatt."

„Max, was hast du dir ausgedacht?", Tjomyks Zurückhaltung ging allmählich in Panik über, das konnte man an seinen blauen Augen sehen.

Ich ließ mich aufs Sofa zurückfallen. Die linke Hand warf ich hinter den Kopf, mit der rechten trommelte ich nachdenklich aufs Knie. Ich überlegte, wie ich das Gespräch am geschicktesten fortsetzen könnte.

„Weißt du wenigstens, Tjom, wie viel Geld dieses österreichisch-kroatische Äffchen im Jahr bekommt? Das errätst du nie … Mehr als zwei Millionen Euro! Und er ist ein totaler Milchbubi, drei Jahre jünger als du, Alter. Ich könnte kotzen vor Wut, wenn ich nur dran denke. Hundertachtzigtausend im Monat! Und das ohne Prämien! Kapierst du? Das würde manchem fürs ganze Leben reichen …"

„Max", die Stimme meines Kumpels klang angespannt, „was hast du vor?"

„Ich will euch vertauschen", brummelte ich geschwind.

„Waaaas?!! Nein!"

„Nur für einen Monat!"

„Nein!!"

„Du wolltest doch mal Schauspieler werden. Ich biete dir die Gelegenheit, den besten Nachwuchsfußballer Europas zu spielen!"

„Nein, nein und wieder neeeeiiin!!!"

Langsam wurde ich ärgerlich.

„Was ist mit dir los, Alter? Ist dir das Hirn versauert oder was? Blas' mal deine Hirnwindungen durch, Tjom! Du musst gerade mal dreißig Tage durchhalten für ein Monatsgehalt. Und das ist fast eine viertel Mille in Euro!"

„Glaubst du, die kriegen im Klub nicht mit, dass ihnen ein falscher Raimondo Giunipero untergeschoben wurde?"

„Willst du mich verarschen? Das merkt doch keiner. Zuerst machen sie irgendwelche medizinischen Untersuchungen, dann geben sie dir mit Sicherheit eine gewisse Zeit zur Anpassung und Eingewöhnung. Im schlimmsten Fall inszenierst du beim Training eine Verletzung. Es geht doch nur um einen Monat, Alter! Und dann sind wir sagenhaft reich! Wenn alles nach Plan läuft, müssen wir ein ganzes Jahr lang niemanden betrügen oder austricksen."

Tjomyk blickte finster und schwieg. Der Junge dachte so stark nach, dass sich seine Augenbrauen bewegten. Endlich antwortete er.

„Na gut, du Superhirn, und wo willst du den *echten* Fußballer hinschaffen?! Und dann auch noch für einen ganzen Monat, häh?"

„Du kümmerst dich am besten nicht um die Dinge, die dich nichts angehen", schnaubte ich. „Giunipero übernehme ich! Deine Aufgabe ist es, zum Trainingszentrum von Torpedo zu fahren und vier Wochen lang den Raimondo zu mimen. Und fertig! Die ausgezeichnete Verpflegung, der geregelten Tagesablauf, die

Bewegung an der frischen Luft, das ist doch die reinste Kur, Mensch, warum stellst du dich eigentlich so an?"

An dieser Stelle muss ich einen Augenblick unterbrechen und eine offizielle Erklärung abgeben.

Sehr geehrte Leser und insbesondere Fans des FC Torpedo Kiew! Seit meiner Kindheit bin ich ein leidenschaftlicher Fußballfan und ein glühender Anhänger von Torpedo. Ich gebe zu, dass ich es auf das Geld meines Lieblingsvereins abgesehen hatte, und deswegen kam ich mir wirklich schäbig vor. Aber mehr wollte ich nicht. Wirklich! Ich wollte nur die 180.000 abzocken, und für einen Verein wie Torpedo sind das doch Peanuts. Hätte ich gewusst, was aus meinem unschuldigen Plan, Raimondo heimlich zu vertauschen, werden würde, hätte ich auch nur für eine Sekunde in die Zukunft blicken können und gesehen, wie sehr das Image des Klubs dadurch beschädigt werden würde, hätte ich gewusst, dass die völlig ungefährliche Aktion in einem Fiasko enden würde, das diese wunderbare Mannschaft fast in den Ruin treibt, dann hätte ich Tjomyk eigenhändig erwürgt und mich dem Massaker meiner Gläubiger ausgeliefert. Das schwör' ich bei meiner toten Großmutter! Doch leider bin ich kein Prophet. Nicht mal ansatzweise habe ich geahnt, was passieren würde, wenn ich meinen Kumpel Tjomyk ins Trainingszentrum von Torpedo einschleuste.

Fünf Minuten lang schwiegen mein Partner und ich düster, hin und wieder warfen wir uns wütende Blicke zu. Tjomyk hielt meine Idee für total irre und wollte sich nicht drauf einlassen. Aber die Summe war wirklich fabelhaft. Wann konnte man schon aus einem Geschäft einhundertachtzigtausend Euro abgreifen. Ein echter Jackpot.

„Was machen wir mit der *Mehrwertsteuer*?", fragte mein Kollege knurrend. So nannten wir unter uns den Gewinn aus einem Deal.

„Sechzig zu vierzig ... Sechzig für mich."

„Wieso das denn?"

„Weil's meine Idee ist."

„Aber vergiss nicht, wer die Rolle übernimmt!"

„Vergiss du besser nicht, dass du gar keine Rolle hast, wenn ich Raimondo Giunipero nicht aus dem Verkehr ziehe. Gut, weil du es bist, mein Lieber, bin ich mit einer Aufteilung fünfzig zu fünfzig einverstanden."

Tjomyk schüttelte entschieden seinen zottigen Kopf:

„Siebzig zu dreißig, der größere Anteil für mich."

„Ach, du Bandit! Du Gauner! Du Gangster!" Vor Zorn klatschte ich mit den Handflächen aufs Sofa. „Kommt nicht in Frage!"

Als ich mich etwas beruhigt hatte, nahm ich einen neuen Anlauf.

„Vierzig zu sechzig. Sechzig für dich."

Tjomyk lachte kurz, streckte mir die Hand hin und sagte:

„Abgemacht! Vierzig zu sechzig, und ich will nicht wissen, wie du Raimondo beseitigst."

Ich grunzte und schlug zögernd ein.

6

Zwanzig Stunden später rief ich Artjom wieder an.

„Hallo, Alter!"

„Grüß dich!"

„Wie geht's?"

„Geht so ... Hab' ein bisschen Bammel. Und selbst?"

„Ich bin hundemüde, aber ich halte durch", bemühte ich mich mit möglichst munterer Stimme zu sagen, in der Hoffnung, Tjomyk mit meinem Optimismus anzustecken. „Die Raimondo-Frage hab' ich geklärt."

„Wie?"

„Frag nicht. Das musst du nicht wissen. Wirf dir lieber Trainingsklamotten über und komm schnell zu mir. Ich warte gegenüber dem Hyatt am Sofijska Ploschtscha."

Nach vierzig Minuten war Tjomyk da. Wir überquerten den Platz und blieben direkt vor dem Eingang zum Hyatt stehen, einem riesigen dunkelblauen Glaskasten.

Ich trug einen schmalen Anzug von Woronin und hatte mir, um solider zu wirken, eine Mappe unter den Arm geklemmt, es sollte nach Geschäftspapieren aussehen. Tjomyk kam wie verabredet in Shorts und Trainingsjacke.

„Na, was hast du dir ausgedacht?", fragte mich Tjomyk.

„Da wir nicht genug Geld haben, um in dieser widerlichen Absteige ein Zimmer zu nehmen, bleiben wir einfach vor dem Eingang stehen."

„Und?"

„Nichts, du Trottel. Gleich werden wir abgeholt, und keiner kommt auf die Idee, dass wir gar nicht drin waren. Wir sind sozusagen grade rausgekommen, kapiert? …"

Ich hatte mich nicht geirrt. Bald rollte eine ewig lange Mercedeslimousine S 555 vors Hotel und hielt neben uns an. Aus dem Fenster schob sich eine aufgedunsene rosa Schnauze mit farblosen Haarbüscheln an Ohr und Kopf.

„Chello, Guyz!", schrie die Schnauze aus dem Mercedes, und es regnete Spucke. „Chau arrr ju? Ich sehe, ihr wartet schon!"

„Das ist Mischa Schympanzjuk, der Chefscout des Vereins", flüsterte ich Tomyk zu. Er nickte. „Tu so, als würdest du dich an ihn erinnern. Er hat Giunipero in Italien ein paar Mal getroffen."

Mein Partner rang sich ein dämliches Grinsen ab und winkte dem Ankömmling zu.

„‚Ello! Ello!", schrie ich und bemühte mich, den italienischen Akzent zu imitieren. Mein Herz pochte stürmisch, ich hatte riesige Angst, dass Mischa den Betrug durchschauen könnte.

Aber der Scout schöpfte keinerlei Verdacht, und ich atmete erleichtert auf. Außer Schympanzjuk war niemand vom FC Torpedo gekommen, um Raimondo Giunipero persönlich zu begrüßen.

„Und wer sind Sie?", wandte sich der Chefscout an mich.

„Ich bin Signore Alfredo Pasquale", antwortete ich, ohne zu zögern, „der erste Assistent des Agenten, der Ihren neuen Star vertritt. Signore Agent kann leider nicht persönlich hier sein."

„Oh, erfreut, Sie kennen zu lernen, Signore Pasquale! Steigen Sie ein, im Trainingszentrum werden Sie schon erwartet."

Vor dem Trainingszentrum des FC Torpedo wurden wir von Herrn Tryndezkyj, dem Sportdirektor des Vereins, einem großen, ernsthaften Mann mit leichten Silbersträhnen an den Schläfen, in Empfang genommen.

Tryndezkyj führte uns erst herum, zeigte uns das Spielfeld, die Trainingsräume, die Übungsplätze, das Schwimmbad und die Wohngebäude. Dann stellte er Tjomyk dem Trainer und der Mannschaft vor. Am Ende bat der Sportdirektor mich und Tjomyk zu sich ins Büro, wo wir die letzten Details des Vertrags besprachen. Wir sprachen englisch, auf meinen Rat hin schwieg Tjomyk die meiste Zeit, antwortete nur selten auf eine Frage mit einem kurzen „Yes, Sir" oder „No, Sir" oder er schüttelte einfach nur den Kopf. Ich wollte vermeiden, dass jemand ihn wegen seiner Stimme enttarnte …

„Na, was hältst du von ihm?", fragte Tryndezkyj Schympanzjuk, als sie allein waren.

„Cooler Typ … Hast du gesehen, er wollte nicht mal mit uns sprechen. Gestern habe ich seine Treffer analysiert. Er hat solche Hütten reingemacht, dass einem schon vom Zusehen schlecht wird. Ich fürchte, den werden wir nicht lange halten können. Die großen englischen Klubs werden ihn uns abspenstig machen."

„Toi, toi, toi. Sein Vertrag läuft drei Jahre. Der geht nicht so schnell weg."

„Hoffentlich … Aber der Junge wirkt sehr ernst. Ich denke, wir sollten seine Einführung in die Mannschaft nicht überstürzen. Diese Überheblichkeit und Arroganz kommen bei unseren Jungs wahrscheinlich nicht gut an."

„Du hast Recht. Aber ich sehe das anders. Ich glaube, wir sollten sie zusammen trainieren lassen. Damit unsere Pinocchios sich anstrengen und dem Meister nacheifern."

„Was heißt das? Dass wir ihn morgen zum Training zulassen?"

„Na, morgen kann er sich noch ausruhen. Übermorgen geht er

zum Medizincheck. Und dann präsentieren wir ihn der Truppe, wie du vorgeschlagen hast. Ich hole alles aus ihm raus, soll unser *Goldjunge* doch mal zeigen, was er drauf hat!"

7

Drei Tage vergingen …

Ich klopfte vorsichtig an die Tür des Zimmers, das sie Tjomyk zugeteilt hatten. Das Echo meines Klopfens verhallte, doch von drinnen kam kein Laut. Weil es sich so gehört, klopfte ich nochmals, dann drückte ich zögernd die Klinke. Die Tür war offen. Ich ging hinein und schaute mich um.

Das Appartement erinnerte an ein Drei-Sterne-Hotel, es bestand aus einem kleinen Vorzimmer mit Kleiderschrank, einem Bad mit Toilette und einem großen Schlafzimmer mit Bett, Tisch und Fernseher. Durch das große Fenster schien die Abendsonne herein. Aber das erste, was mir ins Auge fiel, war ein Paar schmutzige Fußballschuhe, das direkt neben dem Eingang lag. Etwas weiter, direkt auf der Schwelle zwischen Vor- und Schlafzimmer, sah ich Tjomyks Beine.

Der *Goldjunge* des ukrainischen Fußballs lag auf dem Boden. Er stöhnte und ächzte leise. Genauer gesagt, der untere Teil von Tjomyk lag auf dem Boden, der obere (die Arme und seine märtyrerhaft verzerrte Visage) waren aufs Bett gestützt. Der Ärmste hatte nicht mal genug Kraft, um aufs Bett zu kriechen und sich richtig hinzulegen.

„Tjom …", rief ich.

Mein Partner antwortete mit einem Stöhnen. Ich ging zu ihm hin und hockte mich neben ihn.

„Lebst du noch?"

„Verpiss dich …", krächzte Artjom.

„Hmmh … Was ist passiert?"

„Ich … ich bin noch nie … so … nie … Oh, Gott … Die rennen so … rennen so … Das ist echt ein Albtraum, … Ich dachte, ich muss krepieren …"

„Alter, so geht das nicht. Reiß dich zusammen, sonst ahnen sie noch, dass mit dir was nicht stimmt."

„Hau ab ..."

„Na, dann tu eben so, als ob du verletzt wärst. Das hab' ich dir doch gleich gesagt."

„Max ... noch so ein Training ... und ich tue so, als wär' ich tot."

Ich seufzte und half Tjomyk, sich auf dem Bett auszustrecken. Ich wusste nicht mehr, was ich sagen sollte.

„Kopf hoch, mein Lieber. Halt durch. Denk an die Belohnung ...", murmelte ich und klopfte meinem Kumpel auf die Schulter.

„Verpiss dich, du ... mit deiner ver... verdammten Kur", stotterte Tjomyk und klappte ab.

Ich biss mir auf die Lippe und versank in Gedanken. Bis zur Gehaltszahlung blieben noch lange siebenundzwanzig Tage ...

8

[Die Schilderung der Ereignisse jenes Tages folgt den Worten Artjoms.]

Nach einer Woche Intensivtraining wurde Tjomyk zu einem Gespräch mit dem Geschäftsführer des Vereins einbestellt.

Die Assistenten wussten einfach nicht mehr weiter. Beim Aufwärmen stellte der italienische Wunder-Stürmer seinen Vereinskameraden ein Bein, schubste und rangelte. Er floh vom Fünfzehn-Kilometer-Crosslauf und versteckte sich halbe Tage lang im Wäldchen hinter dem Trainingszentrum. Während des Mannschaftstrainings fiel der legendäre Raimondo schon nach der ersten Ballberührung hin, krümmte sich in prämortalen Qualen und schrie, womit er den Rest der Mannschaft demoralisierte.

Tryndezkyj hatte natürlich erwartet, dass die Eingewöhnung des Mailänder Stars in den ukrainischen Alltag schwer würde, aber das, was sich in den letzten zehn Tagen abgespielt hatte, erinnerte mehr an einen fiesen Sabotageakt als an eine Eingewöhnung und war allmählich allen zuwider. Außerdem waren die ersten Spiele der Champions League nicht mehr allzu fern. Daraufhin entschied der Sportdirektor, ein Treffen zu arrangieren, um zu klären, was los war.

Außer Tryndezkyj kamen Schympanzjuk und der Cheftrainer. Tjomyk setzten sie ans Fenster auf die eine Seite des Konferenztischs. Auf der anderen Seite nahmen der Trainer und die obersten Torpedo-Funktionäre Platz.

„Na, hallo, großer Star", begann der Sportdirektor kalt. Er sprach englisch, da er wusste, dass Giunipero das verstehen musste.

Mein Partner nickte.

„Bevor wir irgendwelche Maßnahmen ergreifen, also bevor wir damit beginnen, dir richtig einzuheizen, will ich erst mal hören, mein Junge, was du für Probleme hast? … Ist vielleicht die Stimmung in der Mannschaft nicht okay? Ist dir jemand dumm gekommen? Hast du Heimweh oder brauchst du 'ne Puppe?" Tryndezkyj erhob langsam, aber stetig die Stimme, am Ende schrie er fast. „Hör' mal, Kleiner, was kneift dich im Hintern? So was wie du ist mir in fünfundzwanzig Jahren noch nicht untergekommen!!!"

Plötzlich bimmelte in der Tasche des Chefscouts, der rechts von Tryndezkyj saß, das Handy. Der Sportdirektor warf seinem Kollegen einen wütenden Blick zu, nickte dann aber versöhnlich und erlaubte dem Glatzkopf zu sprechen.

„Ja … Ja. Ich höre, aber ich habe es eilig, ich bin in einem Meeting …" Nach langem Schweigen fragte Schympanzjuk mit einem Stöhnen: „Wen haben sie gefunden?!" Seine Augen traten buchstäblich aus den Höhlen, und die Unterlippe zitterte. „Was für einen Raimondo Giunipero? Sind Sie noch bei Trost? Der Junge sitzt mir gegenüber."

Der Manager verstummte erneut und hörte zu. Tjomyk spürte indessen, wie sein Innerstes erstarrte und sein Herz aussetzte, als sei es von einer dünnen Eisschicht überzogen.

Als er das Gespräch beendet hatte, war Mischa wie gelähmt und wirkte verwirrt. Er seufzte, schaute Tjomyk stumpf an, beugte sich dann zu Tryndezkyj und flüsterte ihm einige Worte ins Ohr. Der Direktor hörte Schympanzjuk aufmerksam zu und murmelte:

„Das ist Schwachsinn. Das kann nicht sein …"

Ein unbestimmtes Schweigen senkte sich herab. Tryndezkyj kratzte sich seine faltige Stirn, seine Augen irrten umher wie bei einer glotzäugigen Eidechse im Urwald. Dann beugte er sich weit vor, stützte sich mit den Ellbogen auf den Tisch und schob sich nah an Tjomyk heran. Eine Weile musterten sie sich gegenseitig: der Direktor Tjomyk, runzelig, schnaubend und misstrauisch und Tjomyk den Direktor, mit letzter Kraft ein Zittern in den Händen unterdrückend, gespielt gleichgültig. Schließlich öffnete Tryndezkyj den Mund, um etwas zu fragen, doch er kam nicht dazu. Dieses Mal summte sein Handy.

„Ja, Herr Präsident …", antwortete der Manager, während er den Apparat ans Ohr drückte. „Er sitzt vor mir … Ähä, bringen ihn her? Wen bringen sie her? *Ihn?* Wie jetzt … von wo bringen sie ihn? … Ich verstehe nicht. Und was hat er dort gemacht? … Unkraut gezupft auf einem Rübenfeld? … Ich bitte Sie, Herr Präsident, habe ich Sie richtig verstanden: Raimondo Giunipero hat in Kyryliwka Unkraut gejätet? … Schreien Sie mich nicht an! Ich bin auch froh, dass man ihn gefunden hat, aber das muss ein Missverständnis sein … Ich weiß nicht, wo Kyryliwka liegt, ich war nie dort, aber das kann einfach nicht sein! … Wer ist dabei? Der italienische Botschafter?!! Ich verstehe, Herr … Wir kriegen das hin. Regen Sie sich nicht auf, Herr Präsident, bis der Botschafter kommt, haben wir das geklärt."

Als der Sportdirektor auflegte, war sein Gesicht kreidebleich, und die Stirn war so angespannt, dass die Haut jeden Moment zu reißen schien.

„Etwas gefällt mir hier nicht, mein Junge", zischte er wie zuvor auf Englisch, während er Artjom mit Blicken durchbohrte.

„Mir ehrlich gesagt auch nicht", polterte Tjomyk auf Ukrainisch, und sein Gesprächspartner erstarrte.

Mein Kumpel wartete nicht ab, bis der echte Raimondo erschien. Mit dem Schrei „A-a-attacke!!!" sprang er auf, hechtete über den Tisch und stürzte aus dem Büro.

„Haltet ihn! Fangt den Schurken!", brüllte Tryndezkyj und jagte ihm nach.

Mischa Schympanzjuk reagierte überlegter. Er dachte nicht daran, den Flüchtenden zu verfolgen. Der feiste Funktionär griff nach dem Hörer und wählte augenblicklich die Nummer des Sicherheitsdienstes im Trainingszentrum.

„Hier spricht Schympanzjuk. Blockieren Sie sofort alle Außentüren und sperren Sie den elektronischen Ausweis, der auf Raimondo Giunipero ausgestellt ist. Und zwar sofort! … Erledigt? Danke. Und noch was: Informieren Sie mich sofort, wenn jemand versucht, das Trainingszentrum zu verlassen …"

9

Eine weitere Woche flog dahin.

Tjomyk war spurlos verschwunden. Das war auch schon früher vorgekommen. Dieses Mal war aber alles anders, und ich hatte guten Grund, mir Sorgen zu machen. Mir sogar große Sorgen zu machen, denn mein armer Tjomyk hatte die ganze Woche das Trainingszentrum nicht verlassen.

Zuletzt hatte ich ihn vor genau sieben Tagen gesprochen, als ein keuchender Artjom in Panik anrief und verkündete, er sei entlarvt und der echte Raimondo Giunipero käme in Begleitung des italienischen Botschafters ins Trainingszentrum. Er schaffte es auch noch mitzuteilen, dass alle Türen blockiert seien und er das Trainingszentrum nicht verlassen könne, danach brach die Verbindung ab. Seither war das Telefon zwar eingeschaltet, aber niemand nahm ab …

Es wurde Samstag. Torpedo Kiew empfing die Geflügelten Mähdrescher, eine Mannschaft aus Kirowohrad, die das erste Jahr in der ersten Liga spielte und im Moment den vorletzten Tabellenplatz einnahm. Das Spiel ließ keine Überraschungen erwarten. Torpedo würde sicher siegen. Außerdem musste die beste ukrainische Mannschaft nach der bitteren Niederlage gegen den moldawischen Klub Trabzon in der Qualifikationsrunde zur Champions League unbedingt gewinnen, um sich vor ihren Fans zu rehabilitieren. Das Spiel interessierte mich überhaupt nicht, aber ich schaltete den Fernseher ein, in der Hoffnung, wenigstens Hinweise zu erhalten, wo ich Tjomyk suchen musste, wenn ich ihn schon nicht zu Gesicht bekam.

Bereits in den ersten Minuten der Übertragung wurde ich auf Raimondo Giunipero aufmerksam, den *echten* Raimondo, der mit einigen anderen Spielern auf der Bank saß. Das musste der Italiener sein. Und das hieß ... hieß, Tjomyk lebte nicht mehr. In meinem Kopf tauchten nach und nach furchtbare Bilder auf, wie der Körper meines unglücklichen Partners zerstückelt und in schwarze Müllsäcke gepackt wird, um die Spuren zu verwischen und den Skandal mit dem italienischen Botschafter gerade zu biegen. Was sollte ich sonst denken, wo der echte Giunipero am Spielfeldrand saß und mein Kumpel seit einer Woche im Torpedo-Lager verschollen war? Ob sie ihn womöglich folterten? ...

Weil ich ganz in das unglückliche Schicksal meines Freundes vertieft war, bemerkte ich erst nach einer Weile, dass auf dem Feld etwas Absurdes vorging. Mitte der ersten Halbzeit waren die Geflügelten Mähdrescher, eine Mannschaft, die sich allein schon wegen des Namens ihres Kontrahenten in die Hosen machen sollte, mit 3:0 in Führung gegangen! Und sie machten weiter Druck auf das Tor von Torpedo. Ich rieb mir die Augen und verfolgte die Aktionen auf dem Platz aufmerksamer.

Langsam kapierte ich, dass Kuzjo Derypaschtscha, der junge Torwart der Kiewer, schuld war. In einzelnen Szenen verlor der Schlussmann völlig die Kontrolle über den Ball. Streckenweise spielte er wie immer, dann wieder führte er sich auf wie ein

Betrunkener. Die Bälle, die während der ersten dreißig Minuten ins Netz von Torpedo flogen, gerieten nicht dank der guten Leistung der gegnerischen Stürmer dorthin, sondern weil Derypaschtscha das Leder nicht festhalten konnte. In der fünfunddreißigsten Minute wollte der Trainer Kuzjo auswechseln, aber der Reserve-Hüter benahm sich noch mehr daneben. Statt aufzulaufen, schlug er plötzlich um sich und floh in die Kabine. Der dritte Torwart war zu jenem Zeitpunkt wegen einer Fußverletzung in Behandlung und daher für das Spiel nicht aufgestellt worden. So musste Torpedo das Spiel mit Kuzjo im Tor fortsetzen.

In der zweiten Halbzeit dachte ich nicht mal mehr an Tjomyk. Im Tor von Torpedo hagelte es Einschüsse. Die Titelverteidiger verloren den Kopf, als sie kapierten, dass der Torwart heute gelinde gesagt nicht gut drauf war. Sie spielten völlig konfus, ihre Verteidigung war offen wie ein Scheunentor. Da obendrein ihr Spielmacher verletzt war, brachten die Torpedos auch vor dem gegnerischen Tor absolut nichts zustande. Die Stürmer waren nicht zu sehen. Torpedo war am Ende. Da half weder das wütende Geheul im Stadion noch das hysterische und heisere Schreien des Cheftrainers.

Als die Mähdrescher schließlich das vierte Tor gegen Torpedo erzielten, wurde der Trainer gelassener und dachte schon langsam über seinen künftigen Arbeitsort nach. Nach dem fünften Treffer stimmte das Stadion einen Trauermarsch an. Das brachte den Trainer auf den Gedanken, sich eine Arbeit im Ausland zu suchen, und Kuzjo Derypaschtscha fiel wohl sein Testament ein. Als dann auf der Tafel ein 0 : 6 aufleuchtete, dachten alle, die zum FC Torpedo irgendeine Beziehung hatten, angefangen von der Putzfrau im Trainingszentrum bis zum Vereinspräsidenten, nur noch eins: Gott, mach, dass dieser Albtraum endlich vorbei ist.

Das Spiel endete mit einem vernichtenden 1 : 7.

Kuzjo weinte und versteckte sich hinter dem Rücken des Sicherheitsdienstes vor den Fans. Giunipero rief seinen Agenten an und sagte: „Verdammte Scheiße hier, ich will zurück zu Inter."

Der Vereinspräsident wurde mit Verdacht auf Schlaganfall ins Krankenhaus eingeliefert.

Eine solche Schmach hatte der erfolgreichste ukrainische Klub seit seiner Gründung nicht erlebt …

10

„Wo warst du die ganze Zeit?" Es dauerte an die dreißig Sekunden, bis diese Worte aus meinem Mund kamen.

Vor mir saß Tjomyk und neben ihm so ein runzeliger, solide wirkender Mann mit mittellangem, lockigem Haar und dünnem Drahtgestell auf der Nase. Mich verwunderte weniger die Anwesenheit meines Partners in meiner Wohnung (Tjomyk hatte schon lange einen Schlüssel), als viel mehr die Tatsache, dass er noch lebte und keinen Schaden genommen hatte und obendrein diesen komischen Typen dabei hatte, der aussah wie ein pingeliger Uniprofessor oder ein Chirurg.

Aber nicht nur deshalb war ich erstarrt. Meine Gäste hatten sich mitten ins Zimmer auf die Hocker gepflanzt und … zählten Geld. Vor ihnen stand eine große Emailleschüssel, in der ein ganzer Haufen raschelnder stinkender Scheine lag. Und zwar nicht Hrywnia oder Dollar, sondern Euro! Die Banknoten sortierten sie einzeln auf drei verschiedene Häufchen. Mit dem geübten Auge des Geschäftsmanns erkannte ich sofort, dass Tjomyk und der gelockte Wicht das Geld gleichmäßig aufteilten, aber dann teilte mein Kumpel sein Häufchen noch mal im Verhältnis sechzig/vierzig. Also wurde die Gesamteinnahme nach dem Schema fünfzig-dreißig-zwanzig sortiert.

„Im Trainingszentrum von Torpedo", antwortete mein Partner schließlich ungerührt.

„Im Trainingszentrum von Torpedo?! Ich dachte, sie hätten dich entlarvt."

„Tja, es haben sich nette Menschen gefunden, die mich versteckt haben … direkt im Zentrum …", murmelte Tjomyk geheimnisvoll.

Im Rücken meines Partners lief der Fernseher.

„Alter, und woher kommt das Geld hier?", fragte ich meinen Kumpel ganz leise, als fürchtete ich die eigene Stimme.

„Aus dem Wettbüro."

„Was denn für ein Wettbüro? Bist du verrückt geworden? Hast du dich auf diese Abzocke eingelassen?"

„Abzocke, Max, war dein Geschäft mit dem falschen Raimondo. Das hier war eine perfekt geplante Operation. Das Geld, das du vor dir siehst, ist der beste Beweis. Du hast selbst gesagt, dass wir neue Ideen brauchen."

Einige Minuten vergingen. Ich beobachtete schweigend, wie der unbekannte Wicht und Artjom das Geld zählten und sortierten. Schließlich erbarmte sich Tjomyk und erklärte in belehrendem Ton:

„Ich habe dreieinhalbtausend Euro auf einen haushohen Sieg der Geflügelten Mähdrescher gegen Torpedo gesetzt. Ich habe gewettet, dass die Kiewer Torpedos mit mehr als fünf Toren Unterschied verlieren. Und wie du siehst, habe ich richtig getippt. Das Verhältnis war siebenundzwanzig Komma fünf zu eins. Cool, häh?", mein Kumpel zwinkerte mir zu.

Ich konnte nicht glauben, was ich da hörte. Im Gegensatz zu mir stand Tjomyk nicht gerade auf du und du mit dem Schicksal. Trotz seines Talents für Tricks und Betrügereien, trotz jahrelangen Trainings hatte Artjom noch nie eine Sache wirklich zu Ende gebracht. Es mag sich banal anhören, aber der Junge hatte einfach kein Glück. Jedes Mal drehte Fortuna meinem Partner im unpassendsten Moment ihre Kehrseite zu und ließ einen fahren, wobei sie unwiderruflich all seine harte Arbeit zunichte machte. Daher war das Letzte, was ich glauben konnte, dass mein Kumpel so mir nichts dir nichts einige zehntausend Euro mit einer Sportwette gewonnen hatte.

„Ich glaube, Kollege", wandte ich mich an meinen Partner, „du kohlst mich an. Willst du nicht mit der Wahrheit rausrücken?"

„Max, du musst mir nicht glauben, aber alles hat sich so zugetragen. Hier sind die Beweise."

Tjomyk zog einige Papiere aus der Tasche und warf sie auf den Tisch. Es waren Quittungen über den Einsatz und den ausgezahlten Gewinn.

Mag ja sein, dachte ich, aber das ist sicher nicht die ganze Geschichte.

Im Fernsehen zeigten sie gerade eine Sendung, in der über das gestrige Spiel berichtet wurde, das bereits Legende war. Der Journalist interviewte Kuzjo Derypaschtscha und fragte ihn, was vorgefallen war. Kuzjo zuckte mit den Schultern, seufzte und sprach undeutlich, weil er schluchzte. „Ich weiß nicht. Mir war ein bisschen schwindelig. Manchmal haben mir die Hände nicht gehorcht, sie waren wie taub. Dann hat es nachgelassen ... Später kam es wieder ... Ich weiß nicht, vielleicht hab' ich was Schlechtes gegessen."

Plötzlich dämmerte es mir ...

„Und was war das?", fragte ich scharf.

„Was meinst du?", Artjom hob den Blick.

„Was ist mit dem Torwart passiert?"

„Mit welchem Torwart?", fragte mein Partner. Er wollte mich ernstlich für dumm verkaufen.

„Mit Kuzjo, verdammt noch mal, Derypaschtscha!"

„Max", sagte Tjomyk, und seine Augen glänzten, als wäre er der Pope beim Ostersegen. „Ich verstehe nicht, wovon du sprichst."

In diesem Moment riss sich der Gnom für einen Augenblick los und unterbrach das Geldzählen. Er richtete mit einem geübten Griff seine Brille und murmelte:

„Phenobarbital."

Zuerst dachte ich, der Wicht wolle mir irgendein fremdsprachiges Schimpfwort an den Kopf knallen.

„Wie hast du mich genannt?", fauchte ich den Fremden an.

„Ich habe dich nicht beschimpft, mein Lieber. Ich habe lediglich erklärt, dass es Phenobarbital war, fünf-Ethyl-fünf-Phenylbarbitursäure."

Ich zupfte mir zornig die Augenbrauen und blickte von Tjomyk zu dem Fremden.

„Wollt ihr mich fertig machen, ja?", brauste ich auf.

„Nein", wiederholte der Wicht weiter ungerührt.

„Dann gebt mir eine Erklärung ohne dumme Sprüche."

Artjom schüttelte den Kopf, um anzuzeigen, dass er nicht an einer Fortsetzung des Gesprächs interessiert war. Aber der verdächtige Typ ignorierte ihn. Die Augen akkurat auf meine Nasenwurzel fokussiert, erzählte er, wie ein Roboter kaum die Lippen bewegend:

„Der Torwart hatte eine vestibuläre Ataxie aufgrund einer Überdosis Phenobarbital."

Natürlich verstand ich nichts. Ich drehte abrupt den Kopf, um Tjomyk eindringlich anzusehen, zeigte auf den unreifen Zwerg und zischte:

„Alter, ich schlag' ihn gleich."

„Max, ich bitte dich, mach keinen Aufstand!", Artjom winkte ab. „Du brauchst hier niemanden zu schlagen."

„Dieser Schlauberger hat mich schon fast zur Affektion gebracht!"

„Du meinst sicher Affekt?", verbesserte mich der Wicht mit der farblosen Stimme eines Radiokommentators.

Ich fühlte, wie mir das Blut langsam in den Kopf stieg. Tjomyk ging rasch dazwischen.

„Okay! Okay! Ich erklär' jetzt alles! Das bedeutet, dass der Torwart Probleme mit der Bewegungskoordination hatte. Kuzjo hatte Krämpfe, Schüttelfrost und hatte sich nicht mehr unter Kontrolle."

„Und der andere Torwart?" Ich ließ nicht locker. „Was war mit ihm?"

Artjom seufzte und senkte den Blick.

„Diarrhöe", näselte der Unbekannte, ohne den Blick vom Geld abzuwenden.

„Ist das Durchfall?", vergewisserte ich mich, ganz verwirrt von den wissenschaftlichen Termini.

„Sehr starker Durchfall", schnaufte Tjomyk.

Gleichzeitig meldete die Fußballrückschau im Hintergrund:

„Den zweiten Torwart versuchte man zur Halbzeit aus der Toilette zu holen, doch der Trainerstab erlitt eine Niederlage und musste sich zurückziehen. Der Torwart erklärte, ohne Klo ginge er nicht aufs Spielfeld."

Ich zitterte am ganzen Körper und hätte Tjomyk am liebsten eine verpasst.

„Du bist eine Niete, Tjom ...", krächzte ich heiser. „Du bist wirklich ein Eskimo-Arsch. Wie konntest du nur? Das ist doch Torpedo! Unser Nationalstolz ... Schon unsere Großväter waren Fans ... Du widerlicher Verräter! Und ich sag' dir das direkt ins Gesicht, ohne mich zu schämen! Wie konntest du nur so was tun?"

Ich fühlte, wie die Wut in mir aufstieg, und wollte Tjomyk schon bei den Ohren packen.

„Max, hey! Was ist los mit dir, brauchst du etwa kein Geld mehr?"

Ich stoppte mitten im Satz. Teufel noch mal. Wegen des ganzen Fußballkrams hatte ich meine Schulden total vergessen! Einige Zeit schnaubte und schmollte ich, doch dann fragte ich schließlich:

„Das ist .... Wie viel haben wir da?"

„Grade genug, dass du das Loch in deinem Budget stopfen kannst."

Ich schwieg fünf Minuten und verfolgte, wie Tjomyk und der Wicht das letzte Geld aus der Schüssel holten. Plötzlich schoss mir ein Verdacht durch den Kopf. Was war das für ein Zwerg, und aus welchem wundersamen Grund grub er in *unserem* Geld? *Meinem* Geld, letztendlich! Ich konnte es nämlich überhaupt nicht leiden, wenn sich jemand mein Kapital aneignete.

„Hör' mal, Tjom, wer ist das überhaupt? Und wieso gibst du diesem Kleinwüchsigen die Hälfte unserer Kohle?"

Der Kleinwüchsige hielt inne und musterte mich mit ruhigem Blick.

„Oh, Max, pardon! Ich habe völlig vergessen, euch bekannt zu machen", antwortete mein Partner. „Dok, gib meinem Kollegen und Kompagnon Maxym die Hand! ... Max", Artjom hob die Brauen, schaute mich an und zeigte mit einer theatralischen

Geste auf den Gnom, „habe die Ehre, dir Leopold Borysowytsch vorzustellen, den Chefarzt des FC Torpedo Kiew!"

14. – 17., 31. Januar, 22. Februar – 6. März 2011 Oase Dachla, Kairo (Ägypten); Kiew (Ukraine)

Aus dem Ukrainischen von Jutta Lindekugel

Weiße Hemden, schwarze Hosen

Serhij Zhadan

05.00

Bleib, wo du bist, rühr dich nicht vom Fleck, wenn du noch einen Schritt machst, kann ich für nichts garantieren, sagt sie. Ich weiß, sage ich, du nimmst ja auch garantiert nur jedes zweite Mal den Hörer ab, wenn du angerufen wirst. Was ist denn los, sage ich, nun komm schon da runter. Nein, sagt sie, vergiss es, noch einen Schritt, und ich springe. Immer ruhig, sage ich, mach bloß keine Dummheiten, da unten ist ein Beet, überleg dir, wo du hinspringst. Spar dir deine Überredungskünste, sagt sie, noch ein Schritt, und weg bin ich. Gut, sage ich, dann spring doch, ist sowieso Erdgeschoss, also flieg, wohin du willst, ich hau jetzt ab. Warte mal, ruft sie, kannst du mir erklären, was du früh um fünf beim Fußball willst? EM-Qualifikation, mein Mäuschen, antworte ich, EM-Qualifikation. Fünf Uhr morgens?, schreit sie, und ihr schwarzes Haar sprüht förmlich Funken vor Zweifel und Misstrauen. Warum ziehst du diese ätzenden Winterschuhe an?, schreit sie. Wofür schmeißt du unser Geld raus? Wann suchst du dir endlich Arbeit? Warum kommst du nach einem Spiel immer sternhagelvoll nach Hause? Was ist denn das für ein Fußball?, schreit sie und wippt auf dem Fensterbrett. Eh, sage ich, wer von uns interessiert sich denn für Fußball? Was verstehst du denn schon von der EM-Taktik? Kümmere dich um deine Sachen, mach den Haushalt, kümmere dich um die Kinder! Aber wir haben keine Kinder, schreit sie, wir haben keine! Wo sollen die auch herkommen, wenn du die ganze Zeit auf dem Fensterbrett hängst, antworte ich, gehe in den Flur und höre, wie sie das Fenster aufstößt, springt und fliegt, sie fliegt durch den kalten Oktobernebel und durchbricht mit ihrem leichten heißen Körper die Luft, verfängt sich mit ihrem feuchten Haar in den herbstlichen Sonnenstrahlen, fliegt, fliegt aus unserem Erdgeschoss, landet aber nirgends.

06.00
Gut, denke ich, da lässt sich was machen, Arbeit kann man finden, Kinder sollten auch kein Problem sein, das ist nur eine Frage des guten Willens. Aber wie soll man diese Unruhe und Aufregung beschreiben, die dich am frühen Morgen, ja schon Tage vor einem Spiel befallen, da geht es noch gar nicht ums Spiel, da ist noch nicht einmal klar, wer der Gegner ist, gegen wen gespielt wird. Wie soll man diesen Kloß in der Kehle und das Zähneklappern, die nervliche Anspannung und die Geräuschhalluzinationen beschreiben, wie kann man überhaupt etwas beschreiben, was es nicht gibt – die Fußballerwartung, die große Wissenschaft von der Vergebung aller Sünden, mit der man überleben kann und nach dem nächsten Zusammenbruch wieder auf die Beine kommt. Wie soll man das beschreiben?, frage ich die kaputten Alkoholiker an der Haltestelle, die Beamten und Hausmeister, die Schüler und Nutten und alle anderen Bewohner unserer Schlafstadt, die sich am zweiten Oktober schon früh um sechs wegen irgendeinem Mist auf die traurigen Straßen geschleppt haben. Die Hände frierend in den Taschen vergraben, laufe ich durch die Höfe, quetsche mich in eine überfüllte Straßenbahn und weiß schon jetzt, dass heute ein großer Tag wird und eine schwere Jagd nach der Sonne des Sieges vor uns liegt, am Ende steht womöglich etwas unglaublich und schrecklich Schönes, etwas, das alle Unbilden, alle Enttäuschung und Verlorenheit, alle Sprünge aus

dem Fenster und alle Ertränkungsversuche in der eigenen Badewanne vergessen macht. Denn Siege schweißen zusammen, entzweit werden wir von den schrecklichen Zahlen der Saison.

07.00

Und dann kommt ein Kontrolleur auf mich zu, ein riesiger kalter Klotz, ob männlich oder weiblich, kann ich morgens um sieben nicht erkennen, Sie da, fährt er mich an, es wäre angebracht, dass Sie einen Fahrschein erwerben. Wasja, antworte ich ihm versöhnlich, scher dich doch zum Teufel, schau mich an, schau uns an, von welchen Fahrscheinen redest du eigentlich? Wir fahren alle in dieselbe Richtung, haben alle denselben Weg, Wasja, sage ich, was willst du überhaupt?, heute ist Fußball, Wasja, ich fahre zum Fußball, und dass es gerade erst sieben ist, hat doch damit nichts zu tun, das kann mich nicht aufhalten. Wir haben hier alle Freifahrt, wir haben ein Recht auf einen Sitzplatz und auf eine freundschaftliche Hand, also steh auf und überlass mir deinen Platz, Wasja, steh auf oder trag mich.

Aber er will davon nichts hören und keift gleich los wie eine Alte, und dann merke ich, dass das gar nicht Wasja ist, dass alles viel schlimmer ist und ich mit diesem Bus gar nicht zum Fußball komme. Und alle Fahrgäste mustern mich kalt wie Ärzte einen gerade verstorbenen Patienten, mit dem sie sich lange abgeplagt haben. Und als ich aussteige, inmitten von Nebel und Dunkelheit, lehnt sich Wasja aus der Tür und fragt in einem widerlichen Weiberton: Eh, Sie da, gegen wen spielen wir eigentlich?

Gegen die Türken, sage ich, gegen die Türken. Wie kann man denn so wenig Ahnung vom Sport haben, Wasja?

08.00

Genau, sagt Sascha Äthiopier, die Türken. Ich kann sie nicht ausstehen, die Türken. Alles Unheil, aller Ärger kommt von den Türken. Erwürgen müsste man die, erwürgen und niedermetzeln. Er sitzt am Computer und sagt das, ohne seine Kopfhörer abzunehmen. So lebt er auch – nie nimmt er die Kopfhörer ab, deswegen bleibt er auch immer in der Nähe seines Arbeitsplatzes. Er sitzt da und lädt irgendwas Wichtiges aus dem Netz herunter. Dabei redet er ohne Punkt und Komma. Es ist Morgen, die Stimmung ist angeregt und erwartungsfroh, ich sitze in seinem Zimmer, in dem überall Klamotten rumliegen, die nicht mal mehr stinken, so lange liegen die da schon, und sage zu Sascha, los, schauen wir doch mal, was sie so über die Türken schreiben. Ach, nichts weiter, sagt Sascha, da geht's heute mit Sicherheit richtig zur Sache. Die Türken sind eine Nummer für sich. Die Türken müssen wir uns vorknöpfen, völlig egal, wer gewinnt und wie das Spiel ausgeht, anders ist denen nicht beizukommen, Schwäche nehmen die Türken übel, das ist ihre Religion. Hast du gesehen, was sie essen? Ja, habe ich, antworte ich, Gemüse. Genau, sagt Sascha und nickt, deswegen lieber keine Luft dran kommen lassen. Lieber den Türken zuvorkommen.

09.00 – 10.00

Ich bin jetzt fünfundzwanzig. Seit zwei Jahren bin ich ohne Arbeit. Vor einem Jahr habe ich aufgehört zu suchen. Seit einem halben Jahr lebe ich mit dieser durchgeknallten Kuh zusammen, die mir jeden Morgen an die Gurgel springt und auf diese Weise versucht, ein Gespräch anzuknüpfen. Seit zwei Wochen reden wir nicht mehr miteinander. Seit drei Tagen bekomme ich ständig Anrufe von meiner Bank. Ins Stadion gehe ich, seit ich denken kann. Im Winter und im Frühjahr, im Herbst und im Sommer. Ich gehe zu Freundschaftsspielen und Ligaspielen, ich gehe zu Spitzenspielen und zu Partien gegen Absteiger, ich gehe allein und mit Freunden, an Wochentagen und am Wochenende, wenn ich gesund bin und wenn ich Fieber habe, bei Regen und Schnee und bei furchtbarer Augusthitze. Andere Orte finde ich einfach langweilig. Fußball finde ich auch nicht gerade spannend, ich weiß im Voraus, wem wir eine Packung geben und wer uns plattmacht. Aber ich gehe zum Fußball und werde auch weiter hingehen, denn der Fußball ist unsere Hoffnung, verkünde ich allen Kontrolleuren dieser Stadt, die jetzt vor mir stehen und mich fragen, was zum Teufel ich morgens um neun in der Wohnung von Sascha Äthiopier will, warum ich nicht nach Hause gehe und etwas Vernünftiges mache. Also, sage ich zu ihnen, Fußball ist eine seltsame Sache, und wenn Sie ein bisschen Ahnung von den Regeln haben und etwas von der EM-Taktik verstehen, gibt Ihnen das eine Hoffnung, die Ihre Herzen mit kalten glitschigen Fingern berührt, der Zeit Einhalt gebietet und den Raum ausfüllt, und diese Hoffnung können Ihnen weder Vater noch Mutter, noch irgendeine Bus- oder Straßenbahngesellschaft geben, der Sie Ihre besten Jahre opfern. Obwohl bei Ihnen von besten Jahren sowieso nicht die Rede sein kann. Aber trotzdem reißt uns der Fußball aus Verzweiflung und Vereinsamung, er ist wie eine Gemeinde: Man muss nicht unbedingt glauben, und trotzdem stimmt man in den Gesang ein, und sei es nur, um nicht zu frieren. Denn ohne Kollektiv kann man singen, so viel man will, warm wird einem davon nicht. Höchstens in der Sauna.

11.00

In dem Lebensmittelgeschäft, in das mich Sascha Äthiopier schleppte, weil er den ganzen Morgen geraucht hatte und nun unter Glukosemangel litt, boxte er mich plötzlich in die Seite und sagte: Schau mal, da, die Türken. Quatsch, rief ich, das sind doch Chinesen. Wieso denn Chinesen, brauste Sascha auf, schau dir doch mal ihre Haut an. Ist doch ganz normale Haut, sagte ich, sieht gelb aus. Ach, die waschen sich bloß nicht, widersprach Sascha, das sind Türken, guck mal, wie die sich benehmen, die Flegel. Pass mal auf. Und er ging zu einigen Chinesen hin und sprach sie mit ein paar türkischen Wörtern an, die er auf irgendwelchen Pornoseiten gelernt hat. Verdattert schweigen die Chinesen, siehst du, rief Sascha, was das für Flegel sind, und rempelte einen an, der an der Seite stand, die Chinesen stürzten zum Ausgang, verschütteten Körner und trampelten Würfelzucker breit, Sascha zerrte mich zum Hinterausgang, und wir rannten auf die Straße, verliefen uns zwischen Marktständen und zählten die Minuten bis zum Spielbeginn. Los, flüsterten mir die Kontrolleure und Schaffner ins Ohr, vorwärts, du Fahrgast, jedes Spiel fordert Bewegung, der Sieg tilgt alle unangenehmen Momente, halte das Tempo, denk an die Taktik.

12.00 – 17.00
Sascha Äthiopier weiß, wo's was zu fischen gibt, wo die besten Plätze sind, um sich aufs Spiel vorzubereiten, er schleppt mich mit, und bis zum Spielbeginn durchwalken wir den zähen Nebel im Stadionviertel, suchen einen zwielichtigen Ort nach dem anderen auf, stimmen uns ein, schaukeln uns hoch, treffen immer neue Bekannte. An einer Kreuzung, irgendwo bei der Ampel, die heute so alarmierend leuchtet, dass nicht einmal die Autos anhalten, treffen wir Senja Garrincha. Senja steht da und riecht nach Bier und Meer, mehr nach Bier natürlich und schwankt schwer auf seinen ungleichen Beinen, er ist Schlosser in einem der früheren Rüstungsbetriebe, seit seiner Kindheit liebt er Fußball, hat aber nie gespielt, denn mit seinen Beinen ist etwas nicht in Ordnung, sie sind unterschiedlich lang, deswegen hat man ihm auf der Arbeit den Spitznamen Garrincha gegeben, worauf er mächtig stolz ist. Wenn ihn ein gutgläubiger und unwissender Zeitgenosse von der Seite betrachtet, kann er tatsächlich den Eindruck gewinnen, er habe einen von seinen Gegnern übel zugerichteten Leistungssportler vor sich, so extrem sind seine Extremitäten in verschiedene Richtungen abgespreizt. Außerdem pflegt Senja sorgfältig und routiniert sein Image eines alten Haudegens, der den Stellungskampf und schnelle Konter zu schätzen weiß. Kaum hat er uns getroffen, schleppt er uns auch schon in die nächste Kneipe, fegt Fisch und Hut des Vorgängers vom Tisch, nickt den übrigen Gästen lässig zu, die sich respektvoll nach ihm umdrehen, bestellt uns einen Rachenputzer und kommt zur Sache.

17.30

„Ist alles ganz einfach", sagte Senja, „ich hab das genau analysiert. Hauptsache wir überstehen die erste Stunde. Dann brechen die Türken ein."

„Klar doch", Sascha Äthiopier stimmte ihm nur unwillig zu, „und ob die einbrechen. Das wär ja noch schöner", fügte er drohend hinzu.

„Klar", redete Senja auf uns ein, „ich hab das analysiert. Das wichtigste ist die erste Stunde. Die müssen wir überstehen und dürfen es nicht verreißen."

Er sagte das derart bestimmt und trat so sicher von seinem kurzen Bein auf das noch kürzere, dass wir im Handumdrehen von einer Horde Laienbrüder umringt waren, die zwar irgendwie an den Sieg der Mannschaft glaubten, aber doch der priesterlichen Ermutigung bedurften, darum lauschten sie Senja andächtig, schütteten ihm allerlei bunte Flüssigkeiten in sein niedliches Plastikbecherchen und stützten ihn umsichtig, als er ins Schleudern geriet. Er sprach lange, und als er fertig war, schlurfte er nach draußen in die Dämmerung, der ganze Trupp folgte ihm nach, wir wollten weder zurückbleiben noch aufgeben, wir suchten neue warme Höhlen, in denen die Flammen lodern und das Eisen schmilzt, sich Pilgergruppen sammeln, die sich rüsten, um zu den sonnenweißen Stadionlichtern aufzubrechen.

18.00

Und alle sprechen nur über das heutige Spiel. In allen Cafés und Pizzabuden, vor den Trinkhallen und Geschäften, an Kreuzungen und vor den Hauseinfahrten. Seit ein paar Stunden schon laufen wir im Kreis und treffen überall auf diese ernsten und verbissenen Männer, die lange und eindringlich aufeinander und auf alle Umstehenden einreden. Natürlich haben sie alle etwas zu sagen, sie kennen sich aus, wissen, wie's läuft mit diesen Türken, das wird nicht einfach, das ist eine vertrackte Kiste, aber wer die EM-

Taktik kennt, der kommt schon klar. Und sie, sie kommen auf jeden Fall klar. Sie wissen schon seit dem frühen Morgen Bescheid, sie blicken durch, jetzt heißt es nur noch, die Zeit bis zum Eigentlichen rumzubringen und den endlosen Trommelwirbel im Herbsthimmel zu ertragen.

18.30
All unsere Bekannten, alle zufälligen Passanten, mit denen wir uns verbrüdern, alle Stimmen aus den billigen, zerschrammten Telefonen und alle Gerüche, die in den umliegenden Treppenaufgängen stehen, alle Kinder, Teenager und Rentnerschreihälse, alle Frauen mit ihrer Kosmetik und Barkeeper mit ihrer Coolness, die Bullen in der Bahn, die Geschäftsleute in ihren Jeeps, die durch die Massen an den Haltestellen hindurchpreschen wollen, die unbekümmerten Stadtpenner, die leere Flaschen einsammeln und auf halbvolle Jagd machen, die Mütterchen aus den Vororten, die hausgemachte Speisen mit zweifelhaften Ingredienzen anpreisen, die afrikanischen Studenten, die verschreckt aus ihren Wohnheimfenstern schauen, die Sportexperten, von denen es nur so wimmelt, die grölenden Truppen, die von Trinkhalle zu Trinkhalle ziehen und Lust- und Alkoholvorräte prüfen, es werden immer mehr, unsere Stimmung wird immer besser, und ich werde unvorsichtig und leichtsinnig, als mein kampfzerbeultes Nokia sich mit einem unschönen Läuten bemerkbar macht.

18.45
„Hallo", ihre Stimme klingt trunken und vorwurfsvoll, „wie geht's?"

„Hallo, Mäuschen", ich gebe meiner Stimme einen festen Klang, „gut, wir bereiten uns vor."

„Worauf?", will sie wissen.

„Aufs Spiel", sage ich.

„Ich habe das Bein gebrochen", sagt sie pathetisch.

„Wem?", will ich wissen.

„Ich bin aus dem Fenster gefallen", seufzt sie verzweifelt.

„Du musst besser aufpassen", sage ich versöhnlich.

„Hör mal", ihre Stimme surrt, „mir geht's nicht gut. Kommst du her? Kannst du nicht wenigstens einmal auf mich hören? Komm her, du kannst dir das Spiel doch zu Hause ansehen. Wenn du willst, hole ich dir auch was zu trinken."

„Ich fürchte, du schaffst es gar nicht bis in den Laden", sage ich, „mit deinem gebrochenen Bein."

„Hör mal", ihre Stimme bekommt einen metallischen Klang, „wenn du jetzt nicht gleich kommst, dann tu ich mir was an."

„Mäuschen", jetzt werde auch ich streng, „jetzt mach mal keine Szene. Heute nicht, okay? Du weißt doch, wie wichtig das für mich ist."

„Was ist für dich wichtig?", schreit sie und verliert die Fassung. „Dass du dich wieder mit diesen Arabern prügelst?"

„Das sind Türken, Mäuschen", belehre ich sie kühl, „Türken. Wie kann man nur so wenig Ahnung vom Fußball haben?"

Dann versenke ich mein Nokia im kalten Bier.

19.00

Und wenn uns Kraft und Geduld ausgehen, wenn die Himmelstrompeten vor Eifer kurzatmig werden und die elektrischen Lichter wie Blitze zucken, wenn das Blut wallt und eine andere Farbe annimmt, wenn die Gesänge hinter den Fenstern heiser und undeutlich werden, ziehen wir endlich los, schwankend, aber entschlossen, wir zahlen das zerschlagene Geschirr, zahlen für uns und unsere Bekannten, für Freund und Feind, treten auf die Straße, in die schwarzen Gruben des Oktoberabends. Und als erster tritt Sascha Äthiopier nach draußen, stößt Papierkörbe um, dann komme ich, dann Senja Garrincha, der im Gehen aus einem fremden Gefäß trinkt, unbekümmert hinkt er platschend durch die schwarzen Pfützen. Und Aberhunderte grölende Kämpfer und Abertausende Freiwillige, unangepasste Stadtpartisanen mit

Taschen voller Kleingeld, Zigaretten und Bonbons, Kellner und Wachtrupps, Schüler und Straßenspekulanten, wir alle streben den kosmischen Lichtern unseres halbfertigen Stadions zu, den silbernen Feuern und goldenen Projektoren, deren Licht unsere Augen zurückwerfen. Zu unruhig leben wir in unseren Familien, als dass wir darauf verzichten könnten, durch Regen und Dunkel zu ziehen, um unserem Sport und unserem Mut zu huldigen, zu gut kennen wir das Spiel, um es in unseren behaglichen Stuben zu verfolgen, zu harmonisch geht es bei uns zu, als dass wir uns damit abfinden könnten. Drum vorwärts, Marsch, ihr Sturmtrupps hilfloser Eroberer, die Flagge gehisst, ihr *Loser*, schlagenden Schritts, du junge Garde der Stadtirren, heute reihen sich die Heiligen bei uns ein, heute kümmern sich die Apostel um unseren Vereinspräsidenten, denn auf wen kann man sich schon verlassen, wenn nicht auf die Apostel, wir halten die Formation, wir geraten in Strudel und heiße Ströme, die immer tückischer werden.

19.15
Je näher wir dem Eingang kommen, desto mehr Uniformierte umgeben uns, desto nervöser und aufgeregter sehen unsere Bekannten aus und auch die, die wir nicht kennen, sehen nicht besonders gut aus. Die Gefahr, von dem Fest ausgeschlossen zu werden, macht uns alle geduldig und fröhlich bissig, jeder Berufsschüler, jeder Kleinunternehmer und jeder Bürohengst schaut in die graukalten Augen der Ordnungshüter und denkt:

Na, Natschalnik, schnüffle nur, frisch zu, das Wichtigste wirst du sowieso nicht rausbringen, unsere Verachtung, die wir auf Straßen und Plätzen, in Büros und Fabriken, auf Jahrmärkten und Festen hegen und pflegen, unsere Verachtung gegen alle Kontrollen und Regeln, gegen das Umwenden der Taschen und das Verbergen des Offensichtlichen. Unsere Verachtung ist immer mit uns, du kannst noch so oft unsere persönlichen Sachen durchstöbern, noch so oft in unseren Taschen wühlen, die Verachtung wirst du nicht zu fassen kriegen. Wir alle, Verkäufer und Taxifahrer, Parteifunktionäre und Orchestermusiker, Chronisten, Nudisten und Propagandisten pfeifen auf deine Verordnungen, Genosse Sergeant, pfeifen auf die Verhaltensregeln für öffentliche Plätze, pfeifen auf die Fair-play-Regeln und auf die Brandschutzverordnung. Wir haben unser eigenes Verhältnis zur öffentlichen Ruhe, wie sehr du auch schnüffelst, Genosse Sergeant, deine Anwesenheit nimmt niemand zur Kenntnis, sie ist unnötig und überflüssig, unseren Weg zu Sieg und Vergessen wirst du nicht aufhalten, du kannst ihn höchstens entbehrungsreicher und gefährlicher machen, aber das Wichtigste an diesem Spiel liegt außerhalb deiner Bullenkompetenz, Strategie und Taktik in den EM-Spielen, die tolle und überflüssige Fußballstatistik, mit der wir uns abfinden müssen. Ach, Kommandeur, wenn du wenigstens den zehnten Teil der Statistik kennen würdest, wenn du eine Vorstellung hättest von diesem ganzen Zahlenchaos in unserem Kopf, würdest du dir das Leben mit der Dienstwaffe verkürzen. Aber dieses Wissen ist dir verwehrt, ist verdeckt vom Herbstnebel und verhängt von unseren Kampfwimpeln, drum los, lass uns durch, das ist nicht dein Feiertag, du bist bloß ein Schatten mit erweiterten Befugnissen, die sich nicht auf uns erstrecken.

19.30
Und jetzt zwängen sie sich durch die Schranken, tragen Feuer und Asche, atemleichten Alkohol, feste und spitze Gegenstände auf die Tribünen, steigen nach oben, direkt unter das Dach auf der Suche nach ihren Plätzen, schwenken Zeitungen und Schals, rufen und halten sich an den Plastikstühlen fest. Und jeder denkt: was können uns schon diese verdammten Türken, wollen sie uns ernsthaft aufhalten, wer kann uns überhaupt aufhalten, der Tod vielleicht? Wir schlagen uns zu den Rängen durch, und aus den Augenwinkeln heraus sehe ich, wie die Kontrolleure resignieren und unseren Kampfgefährten ihre illegalen, aber überlebens-

wichtigen Gegenstände nicht abnehmen, mit denen wir unser Blut in Wallung und unsere Lungen geweitet halten, Dinge, die uns im heutigen Kampf der Zivilisationen und Religionen helfen, uns helfen, die einzig mögliche Strategie und die richtige Taktik zu finden.

19.45

Die ersten spontanen Raufereien auf den Rängen, die ersten Zusammenstöße und kleinen Konflikte geben der Stimmung den nötigen Schwung. Und die Flutlichtstrahler durchschneiden die schwarzen Himmel, so dass man sehen kann, was dort passiert, alle Heiligen sind zu sehen, die heute natürlich auf unserer Seite stehen, denn so viele ruhelose und berauschte Pilger, die so beseelt ihre und fremde Plätze eingenommen haben und Zeichen und Wunder erwarten, bleiben gewiss nicht ohne Beachtung und göttlichen Beistand, wie könnte man diesen 20.000 Verrückten seine Gnade verwehren, die kopflos im Dunkeln hocken und deren Münder etwas Brutales, politisch nicht Korrektes, aber Ehrliches schreien, das sogar Heilige verstehen, die nicht die geringste Ahnung vom Profifußball haben.

20.00

Und da öffnen die Heiligen alle Schleusen, und die Luft über unseren Köpfen erzittert, vor Spannung und Gnade, das Spiel ist angepfiffen, und die 20.000 unbändigen Herzen und die 20.000 Nervensysteme flackern auf wie die Lichterketten zu Neujahr, sie brennen und zucken vor Freude und Wonne, was könnte es Wichtigeres geben als deine Rufe und Flüche, als deinen lautlosen Gesang und lärmenden Groll, deine Anspannung ist das Fundament für jedes Mannschaftsspiel und jeden Gesamtsieg, du bist Teil eines großen schwierigen Prozesses, ohne deine Unterstützung und deine Schlachtenrufe läuft unten auf dem Platz nichts zusammen, die tückischen Türken machen ihnen den Garaus, wenn sie spüren, dass du nicht mehr bei der Sache bist, also nur nicht nachlassen, wo du dem türkischen Volk doch etwas zu sagen hast, und solltest du die richtigen Worte vergessen, kannst du auf die 20.000 Redner und Sänger neben dir rechnen, die dir weiterhelfen, wenn dein Wortschatz nicht ausreichen sollte.

20.15
Als Zhazha in der fünfzehnten Minute das Leder aus dem Mittelfeld am Torhüter vorbeischiebt, weiß ich, dass das vielleicht der schönste Tag in meinem Leben ist und dass kein schönerer mehr kommt. Und am besten wäre es, hier und jetzt zu sterben, in den Armen von Sascha und Senja den Heldentod zu sterben, hier, in meiner geliebten Nordkurve, in der ich jeden Riss vor und nach dem Umbau kenne, wo ich so viele zauberhafte und noch mehr bittere und verlorene Augenblicke durchlebt habe, wo die Überdachung so feierlich von meinem Siegesgeheul widerhallt, es kommt einfach kein besserer Moment, wann werden wir wieder so leicht und unbeschwert aufspielen, wann wird uns wieder ein Schiedsrichter so gewogen sein, wann wäre ein besserer Moment zu sterben als jetzt, im Augenblick des größten Triumphs.

20.45
Was ist mein Leben bislang schon gewesen? Überlebenstraining, kümmerliche Akklimatisierungskurse, der Verlust aller beruflichen Fähigkeiten, die Aufgabe der Karriere, der Verzicht auf den Ehevertrag, die Abtretung des elterlichen Erbes an die Gemeinschaft, die Abkehr von der Kirche, der Ausschluss aus der Parteigruppe, nichts unterscheidet mich von den anderen Unseligen auf den Rängen, uns eint die Erinnerung an unsere Verluste, und das gemeinsame Gefühl von verlorenem Geld und Gut schweißt uns zusammen. Die große Solidarität unter Männern hält uns auf diesen Plastiksitzen, wir teilen eine reiche, aber bittere Erfahrung, eine klare Vorstellung vom Leben, eine Unmenge Erinnerungen und Phantasien und die unerwiderte Liebe zu Frauen. Die Gewöhnung an das hiesige Klima und an den Alkohol hält uns

auf den Beinen, wir erkennen uns an den zerstreuten Blicken und den abrupten Gesten, der Hang zur Gerechtigkeit und die Gier nach Revanche führen uns ins Stadion, wer glaubt, es ginge nur ums Ergebnis, als führte uns das Ergebnis zusammen und jagte uns wieder auseinander, der hat keine Ahnung von den dunklen Winkeln des eigenwilligen männlichen Bewusstseins, von den Abgründen unserer Unsicherheit und Gewissheit, hat keine Ahnung von der Taktik in den EM-Spielen, die uns Geduld und Durchhaltevermögen, Demut und Bescheidenheit abverlangen, ohne die ein Sieg undenkbar ist, glaube ich, und mit einem 2 : 0 gehen wir in die Halbzeit.

20.54
In der kurzen Zeit, die den Mannschaften für die Erholung zur Verfügung stand, hatte Sascha sich üppig eingedeckt, und so reichte es für mich und Senja, für irgendwelche zufälligen Chinesen, ziemlich unbekannte Schüler, für einen Typen, der wie eine Tussi aussah und sich auf den Rängen an uns dran gehängt hatte. Er schwatzte vertraulich auf mich ein, wollte nicht von mir ablassen, ließ sich lang und breit über seine Leidenschaft für Manchester aus, erzählte, dass er schon ewig Fan von Manchester war und überhaupt nicht verstand, wie man sich für etwas anderes interessieren konnte, dabei schniefte er so durch seine Tussennase, dass es Sascha zu viel wurde und er sagte, Manchester könnte noch angehen, wenn es da nur keine Türken gäbe, ich schlug indessen langsam den Rückweg zu den Rängen ein und hatte nichts zu bemerken, denn die Türken und Manchester waren für mich ein- und dasselbe Kaliber allgemeiner Leere, dieselbe Verweigerung und Pulverisierung, da wurde ich auch schon auf die Tribüne geschleudert, ins Licht, und schob mich nach oben durch, trat jemandem auf den Fuß und klemmte einem anderen den Rucksack mit seinen Alkoholvorräten ein, olé, olé, wir sind alle da, wir haben keinen verloren, keiner steht zurück, keiner ist desertiert oder zum Gegner übergelaufen, so ein Tag, so wunder-

schön wie heute, und selbst wenn wir jetzt hier sterben, wenn die Tribüne einstürzt wie der Dollarkurs, wäre es das schönste Gemeinschaftsgrab, hier würden langstielige rote Rosen wachsen, zwischen denen die Lederbälle landen, von Hand genäht im fernen Pakistan, geschossen von den Schützlingen der Olympiasportschule.

21.45
Wenn alles zu Ende gegangen ist und sich der Himmelskrater vom erlösten Schrei 20.000 glücklicher Stimmen zusammengezogen hat, streben wir dem Ausgang zu, und alles verwandelt sich plötzlich in einen fröhlichen Tanz im Tunnel, in dem sich alle umarmen und treiben lassen. Und wenn sich die Chinesen und Arbeitslosen, die Wachleute und Polizisten treiben lassen, lasse auch ich mich treiben und sinke auf den Grund des großen Alkoholmeeres, und die schwankende flüchtige Wirklichkeit verschwimmt vor meinen freudetränenden Augen, plötzlich packt mich eine resolute und zuverlässige Bruderhand am Kragen und zerrt mich nach draußen, wo sich die Abendluft mit Pfeifen und Atmen, mit Gesängen und Bekenntnissen meldet, und die träge Masse schiebt uns in Richtung der orangegelben Aushänge, hinter denen sich die Mondhorizonte und kosmischen Weiten öffnen.

22.30
Wie schaffen wir es, uns nicht zu verirren, wie bleiben wir zusammen in diesem Reißwolf von Liebe und Wohlwollen? Vor mir schlägt sich Sascha Äthiopier wie ein Eisbrecher durch die Massen und bahnt Senja und mir den Weg, wir stürmen eine überfüllte Pizzeria, in der es alles gibt außer Pizza, und verschmelzen mit der Masse der Sieger, die das Spiel gar nicht gesehen haben, sich aber nicht weniger freuen als wir Augenzeugen. Was glotzt du denn so?, rufe ich Sascha zu, der grimmig eine Gruppe Chassiden mustert, die in einer Ecke ihre Pizza kalt wie

die morgendliche Metro hinunterschlingen, was gibt's denn? Sie, sagt Sascha, das sind sie. Wer?, frage ich zurück. Die Türken, antwortet er, das sind sie. Wieso denn das?, frage ich ungläubig. Siehst du, wie schlampig sie ihre Pizza essen, antwortet Sascha kalt und setzt sich zu den Chassiden. Tatsächlich, denke ich und setze mich dazu. Und da kommt auch schon Senja Garrincha, der verdiente Schlosser des Kiewer Rajons, angehinkt und setzt sich neben mich. Setzt sich und schweigt eisern, um die Wichtigkeit und Einzigartigkeit des Augenblicks zu betonen. Und als sich die Chassiden von ihrer Pizza losreißen und uns weinerlich und fragend anschauen, sagen wir:

23.00 – 00.15

„Soldatenbrüder! Wenn ihr schon Zwietracht und Feindschaft unter uns gesät habt, müsst ihr auch dafür gradestehen."

„Wofür?", die Chassiden verstanden nichts.

„Für Zwietracht und Feindschaft", wiederholte Sascha Äthiopier.

„Genau", sagte Senja.

„Es gibt nur einen Gott", erwiderten die Chassiden panisch, „was sollen wir teilen? Wollt Ihr ein Stück Pizza?"

„Kühne Ansagen für stinkende Türken", zischte Sascha und stand auf.

„Wir sind aber gar keine richtigen Türken", protestierten die Chassiden. „Schaut uns doch an!"

„Ich schaue euch die ganze Zeit an", sagte Sascha. „Seit heute morgen", fügte er hinzu und schnappte sich den ersten Chassiden.

Senja wollte es ihm gleichtun, hatte aber sein Körpergewicht unterschätzt und brach samt Stuhl zusammen und riss alles mit, was unsere Tischnachbarn gerade zu verzehren gedachten. Die Pizzastücke prasselten auf Senjas Schädel wie Meteoriten in den nächtlichen Ozean, und die Chassiden sprangen auf und stürzten nach allen Seiten, so dass Sascha gar nicht wusste, wie er einen zu fassen kriegen sollte, und als auf das Geschrei hin ein Ordnungshüter kam und ihn beruhigen wollte, beklagte er sich ausgiebig bei dem Sergeanten über die unerträgliche Hinterlist der Türken und ihre angeborene Fähigkeit sich zu verstellen.

02.00
Und auch nach einem langen Entwicklungsgespräch mit dem Sergeanten regt er sich nicht ab, auch dann nicht, als man uns Geld abknöpft und in Frieden ziehen lässt, und auch nicht, als wir erfolglos versuchen, die Pizzeria erneut zu stürmen und die letzten erleuchteten Kioske abklappern, die in der Dunkelheit verlöschen wie durchgebrannte Glühbirnen. Erst als er alle Vorräte geleert und der Kioskverkäuferin alle erdenklichen Komplimente und einen Antrag gemacht hat, die Ehe zu schließen, so lange die Trauzeugen sich noch auf den Beinen halten können, dürfen wir ihn behutsam unterhaken und zur Straße führen, wo wir hoffentlich noch ein Taxi erwischen.

02.30
Als Senja einen schwarzen zerbeulten Peugeot anhält, sitzen vorn zwei schlaflose Georgier, was ich nicht als gutes Zeichen deute, aber wir haben keine Wahl, also schieben Senja und ich unseren Freund auf die Rückbank und klemmen ihn von beiden Seiten fest, damit er auf unserer gefährlichen nächtlichen Fahrt nicht so durchgeschüttelt wird. Alles klappt prima – Senja schaut still aus dem einen Fenster, ich aus dem anderen, und die Georgier unterhalten sich auf Georgisch, leise und besonnen streuen sie hin und wieder in ihre eigenwillige Kaukasussprache irgendwelche Fremdwörter ein, die Sascha hört und gleich misstrauisch den Kopf hebt, sich aber schnell wieder beruhigt und weiterschläft.

02.40
Aber dann drehten die Georgier am Radio, und auf irgendeinem Sender stießen sie auf lustige DJs, die verkündeten, dass zu dieser späten und unruhigen Stunde für alle, die nicht schlafen können

und nichts mit sich anzufangen wissen, jetzt Tarkan, ein türkischer Schlagerstar, sänge. Und da reagierte Sascha ohne Umschweife:

02.40
„Aha, also doch türkisch", rief er hämisch, als hätte er ohnehin nichts anderes erwartet. „Hab ich's doch gewusst!"

02.40
Und dann sagt er nichts mehr, sondern springt einfach zwischen die Vordersitze, schnappt sich gleich beide Georgier, die vor lauter Verblüffung nicht einmal Widerstand leisten. Der Fahrer lässt das Lenkrad los, um sich Saschas Umarmungen zu entwinden, und sein Kumpel kriecht unter den Vordersitz, woraufhin der Wagen in die Büsche rollt und dort wohlbehalten verreckt. Ich reiße die Tür auf und zerre Sascha nach draußen, um ein Blutvergießen unter Brüdern zu verhindern. Aber Sascha wehrte sich verbissen und schlägt um sich, windet sich wie ein Schlammpeitzker und will nicht von seiner fetten Beute ablassen. Als ich ihn am Bein gepackt habe und wegziehen will, haut er mir seinen Absatz gegen das Kinn, dass ich durch die Oktoberluft fliege und auf dem Rücken lande, im bitteren Gras, und zusehen kann, wie über mir am niedrigen unsichtbaren Himmel die Sterne verlöschen und die schwarzen Wasser des Nichts herabfallen, aufschlagen und mich in lauter kleine hilflose Stücke reißen.

03.30
Die Häuser, an denen ich vorbeilief, kamen mir bekannt vor – sicher war ich hier schon einmal gewesen. Eine Zeitlang lief ich allein, bis plötzlich ein ganzer Trupp schweigsamer nachdenklicher Leute um die Ecke bog, sie waren überhaupt nicht gesprächig, trugen dunkle Kleidung, und gesellten sich zu mir. Aus den umliegenden Hauseingängen, Einfahrten und Höfen kamen immer neue Passanten und schlossen sich dem Zug an, dessen Ende

sich in der Dunkelheit verlor. Es wurden immer mehr, manche standen an den Kreuzungen, ließen die ersten passieren und reihten sich hinten ein, manche tauchten aus dem Dunkel auf, andere sprangen aus großen Bussen, die tot an den Haltestellen standen. Festen und wachsamen Schrittes liefen wir in unseren schweren Stiefeln, boten uns Zigaretten an oder fragten uns etwas. Lange zogen wir über die dunkle Allee, vorbei an Krankenhäusern, Fabriken und Warenhäusern, zogen vorwärts, durch dichtes Dunkel, vorbei an schwarzen Fenstern und kaputten Toren, an verlassenen Gleisen und leerstehenden Kinos. Und als das Dunkel noch dichter wurde, blieben wir stehen und sogen die feuchte Luft ein.

04.00
Plötzlich schlugen uns grelle kräftige Lichter entgegen, die uns sogleich blendeten, wir brauchten eine gewisse Zeit, um uns an die plötzliche Helligkeit zu gewöhnen. Erst da erkannten wir sie. Elf waren es, sie hatten weiße Hemden und schwarze Hosen an, eine Kampfstaffel aus dem Jenseits, die „Fußballmannschaft der Heiligen", sie verstellten uns den Weg und schauten uns grimmig und strafend an. Wir wussten nicht, was wir sagen sollten, und warteten, dass sie das Wort ergriffen. Und einer, der, dessen Hemd besonders weiß war, sah mir in die Augen und sagte:

04.15
„He, du", sprach er mich streng und herausfordernd an, „was machst du hier?"
　„Ich gehe", antwortete ich, „zusammen mit den anderen."
　„Und wo gehst du hin?", fragte er.
　„Dorthin, wohin die anderen gehen."
　„Und wie bist du hierhergekommen?", wollte er wissen.
　„Ich war beim Fußball", antwortete ich. „Da komme ich her. Los, Chef, lass uns durch. Du siehst doch, dass wir durchmüssen."
　„Wie käme ich denn dazu", wunderte er sich, „euch durchzulassen?"

„Hör mal", antwortete ich, „du weißt doch genau Bescheid. Du weißt doch, wo wir hingehen, wo wir herkommen, warum wir uns zusammenrotten und uns in Kämpfen, Raufereien und gegenseitigen Vorwürfen aufreiben. Du musst doch wissen, was es uns bedeutet, in diesen großen Chor einzustimmen, der Sieg und Mut lobsingt. Du weißt doch, dass wir außer unseren Gewohnheiten, Ängsten und Süchten nichts Echtes und Wertvolles haben. Und der ganze Fußball, die ganzen selbstgewählten Leidenschaften und der ganze absichtliche Wahnsinn, unsere aufgesetzte Bosheit und stimulierte Freude, das sind alles nur Versuche, etwas in den Alltag zurückzuholen, was uns schon lange und unwiederbringlich verloren gegangen ist, was wir aber nie, keine Sekunde, vergessen haben. Wir haben nichts außer unseren verschrobenen Vorstellungen von dem, was wir haben könnten. Und wer, wenn nicht du, Chef, kann diese Aufregung und Unruhe in uns verstehen. Wenn ihr echte Heilige seid, wenn ihr auf dieses Leben auch nur den geringsten Einfluss habt, dann geht jetzt zur Seite und lasst uns in Ruhe, lasst uns mit unserem Fußball, mit unseren männlichen Schwächen und Hirngespinsten, mit unserer Ernsthaftigkeit und unserem Wahnsinn. Geht zur Seite und lasst uns durch. Alles andere regelt unser Vereinspräsident.

Er dachte einen Moment lang nach. Dann schielte er zu seiner Truppe hinüber.

„Petja", rief er dem zu, der außen stand und die Kapitänsbinde trug, „was machen wir?"

„Ach, lass die Zombis durch", rief der Kapitän gelangweilt. „Die feiern heute. Immerhin 4 : 1."

05.00

„Eh, Kunde", er beugte sich über mich und rüttelte vorsichtig an meiner Schulter. „Steh auf."

Ich hob den Kopf und erkannte im Dunkeln seine weibischen verschlafenen Züge.

„Was ist, Wasja?", fragte ich mürrisch und vernahm den Kopfschmerz, der sich vom Inneren des Schädels her ausbreitete.

„Steh auf, Kunde", sagte Wasja darauf mit seiner Tussenstimme. „Sonst erfrierst du noch. Bloß gut, dass ich dich entdeckt habe. Steig ein, ich fahr dich bis zur Metro."

Er wendete und fuhr Richtung Straßenbahn, die leer dastand wie ein Aquarium, in dem alle Fische längst gestorben sind.

05.30

„Gut, Mäuschen", sagte ich und brach mein Schweigen, „ich erzähl dir alles. Damit du verstehst, worum es geht. Die Taktik in den EM-Spielen besteht darin, dass wir alle auf Verständnis und Mitgefühl angewiesen sind. Fehlendes Verständnis und mangelndes Mitgefühl machen uns anfällig für Regen und Schneestürme, werfen uns aus der Bahn, entziehen uns Wärme und Moral. Wir wollen uns verständigen und möchten gehört werden, wir brauchen etwas, worüber wir reden und womit wir die endlos weite Zeit füllen können, in der wir leben. Die Liebe ist wichtig, aber genauso wichtig ist der Eifer, ist der Anschluss an die aufregenden Mechanismen, die die Wolken am Himmel und die Fische im Fluss bewegen. Wichtig ist die Ernsthaftigkeit unserer Siege und Niederlagen, ihre Bitterkeit und Süße, weil wir ohne sie gar nichts mehr schmecken würden. Wir schaffen uns diese Trugbilder und glauben an sie, denn es geht uns weniger um die Echtheit der Trugbilder als um die Echtheit des Glaubens. Er rechtfertigt unsere Naivität und unsere Intoleranz, unsere ganzen kindlichen Vergnügungen und Hirngespinste, unsere Angst, unsere Enttäuschung, unsere Gesetzesverstöße.

Fußball löst unsere Probleme nicht. Aber er lässt uns verstehen, dass die meisten Probleme ausgedacht und erfunden, zweifelhaft und künstlich sind wie die Abseitsposition. Fußball ist eine große Illusion, etwas vollkommen Relatives. Mit ihm bleiben wir wir selbst, versinken nicht in Schweigen, er entfacht Feuer in uns und füllt uns Rang für Rang mit dem eiskalten Wasser der Freude. Im Unterschied zum übrigen Leben gibt es im Fußball noch das unglaubliche Gefühl echter Gegenwehr, klarer Trennung, gerechten Richtens. Denn im Fußball ist alles klar und einfach – weiße Hemden, schwarze Hosen, orange Wolken, grüne Sonne, rosa Gras."

Aus dem Ukrainischen von Claudia Dathe

Die uns beobachten

Jurij Wynnytschuk

Der Mai 1983 war ungewöhnlich warm, und Flieder, Veilchen, Tulpen und Narzissen verströmten ihren Duft in ganz Lemberg. Die Tage waren sonnig und außergewöhnlich freundlich, obwohl die Sowjet-Realität mit diesen Freuden der Natur nichts gemein hatte, war doch gerade ein halbes Jahr zuvor der alte Tschekist Jurij Andropow an die Macht gekommen, und die KGB-Schergen drangen mit neuem Eifer durch Fenster und Türen, in Seelen und Köpfe, brachen die Schwachen und vernichteten die Stärkeren. Doch die Sonne lockte nach draußen, und so war es nicht verwunderlich, dass die Stadt nachmittags von Kinderlärm erfüllt war und sich gegen Abend die Grünanlagen und Parks bevölkerten.

Der Sportlehrer Roman Rewakowytsch führte seine Achtklässler an den Fuß des Kortumowa-Berges in die Nähe des Janiwski-Friedhofes, teilte sie in zwei Mannschaften ein, setzte sich auf eine Bank und beobachtete das Spiel. Eine andere Lehrerin machte mit ihren Mädchen Gymnastik, die Mädchen schielten neidisch zu den Jungs hinüber, denen das Fußballspiel sichtlich Freude bereitete. An einem Tag wie diesem war Fußball der rettende Gedanke. In der kühlen Turnhalle, in der es wegen der dicken Mauern selbst in der größten Hitze nicht wärmer wurde, machte der Unterricht niemandem Spaß.

Rewakowytsch war nach seinem Abschluss an der Prager Universität Ende der Dreißiger Stürmer beim Klub *Ukraina* gewesen, aber da er nach dem Krieg sieben Jahre in Sibirien zugebracht hatte, musste er sich mit einer Stelle als Sportlehrer zufrieden geben. Gesundheitlich war er noch in der Lage zu arbeiten und letztendlich blieb ihm auch keine andere Wahl. Eine Rente hatte er selbst mit siebzig noch nicht in Aussicht – die Dienstzeit vor dem Krieg und das Lager wurden ihm nicht angerechnet.

Irgendwann gegen Mitte des Spiels flog der Ball so hoch hinauf, dass die Sonne alle, die ihm nachsahen, blendete, und landete hinter einer zwei Meter hohen, verfallenen Mauer, wo sich eine vermüllte Brache mit längst verdorrten, von wildem Wein umrankten und von Krähen bevölkerten Obstbäumen erstreckte. Das Knacken von trockenen Ästen, ein leises Rascheln war zu hören. Dann war es wieder still. Die Jungen wollten schon über die Mauer klettern, um den Ball zu holen, als in den dürren Bäumen eine Art Wind aufkam und der Ball plötzlich von der anderen Seite herüberflog und auf das Spielfeld fiel. Allerdings war es nicht windig, und die Bäume standen wieder unbeweglich da wie Skelette im Museum. Die Jungen stürzten sich auf den Ball und erstarrten – das war nicht ihr Ball. Sie hatten ihn noch nie gesehen, er war alt und abgenutzt, hatte Schmutzflecken und Flicken. Sie riefen ihren Lehrer. Rewakowytsch kam näher und verspürte plötzlich ein Stechen in der Brust, er rang nach Atem. Der Ball kam ihm bekannt vor, das war ein alter deutscher Ball aus der Vorkriegszeit. Er hob ihn auf und sah die Reste einer verblichenen Aufschrift, von der nur noch einzelne Buchstaben zu entziffern waren, aber er wusste auch so, was da stand – *Adidas*. Darunter war das Jahr 1936 zu erkennen – genau von dem Jahr an hatte Adidas Bälle produziert. Wie kam der hierher und wer hatte ihn über die Mauer geworfen?

Der Lehrer erklärte den Jungen, dass der Ball, den sie in Händen hielten, ganz selten sei, aber wo ihr eigener Ball war, blieb ihnen ein Rätsel, niemand machte Anstalten, ihn zurückzugeben.

„Da hinten ist ein Durchbruch in der Mauer", sagte Rewakowytsch. „Sehen wir doch mal nach, wo unser Ball geblieben ist."
Die Brache empfing sie mit klebrigen Spinnweben und dem Kreischen eines aufgeschreckten Krähenschwarms, unter den Füßen knackte trockenes Holz, aus dem dichten Gras flogen Mücken und Fliegen auf und kreisten über ihren Köpfen, der ehemalige Garten war verwildert und zugewachsen und zu einem undurchdringlichen Dschungel geworden. Dennoch versuchten sie, den Ball zu finden, schließlich war er Schuleigentum mit einer Inventarnummer, und der Lehrer war für ihn verantwortlich. Rewakowytsch fühlte sich in dem Garten von einer unerklärlichen Unruhe gepackt, sein Herz klopfte so stark, als wäre er gerade die Treppen in den fünften Stock hinaufgestiegen. Er hielt inne und versuchte, den Grund für diese Unruhe auszumachen, konnte aber nichts feststellen.

Die Schüler streiften eine gute halbe Stunde durch die Büsche, sie hatten sich mit Stöcken bewaffnet und guckten unter jeden einzelnen Busch, aber der Ball blieb verschwunden, dafür drang ein Jaulen an ihre Ohren, dünn und schrill, es kam aus einem verfallenen Gebäude, das mit seinen grauen, bröckeligen Mauern zwischen den Büschen und dürren Bäumen hervorragte. Die Fensterscheiben waren schon lange eingeschlagen, an ihrer Stelle gähnten schwarze Löcher, aber von innen war dieses merkwürdige Jaulen zu hören, und die ganze Gruppe lief neugierig dorthin. Als sie dort angelangt war, wo haufenweise alte Ziegel, Mörtel und halbvermoderte Bretter lagen, löste sich das Rätsel ganz einfach: Es war ein loser Fensterrahmen, der von einer unbekannten Kraft bewegt wurde, denn es wehte kein Wind.

In dem ziemlich geräumigen Nachbarraum sahen sie alte Bänke und Tische und ein großes hölzernes Kruzifix an der Wand, durchlöchert und geborsten. Irgendjemand stieß gegen einen Tisch, und der kippte um wie ein alter Mann, der im Gedränge angerempelt worden war. Die bunten Scherben auf dem Boden deuteten darauf hin, dass die Fenster einst wohl mit schmuckvollen Glasmalereien versehen waren. Was das für ein Gebäude war, auch das blieb rätselhaft, wie eine Kirche sah es nicht aus, aber irgendetwas in dieser Richtung musste es gewesen sein.

Als ihnen klar war, dass sie den Ball auch hier nicht finden würden, kehrten die Jungen in den Garten zurück und setzten ihre Suche dort fort. Wer weiß, wie lange sie noch gesucht hätten, wäre nicht plötzlich ein alter Mann hinter dem Haus hervorgekommen, der sich auf seinen Stock stützte und sie beobachtete. Rewakowytsch, der den merkwürdigen Gast bemerkte, ging zu ihm hin und fragte:

„Haben Sie nicht zufällig unseren Ball gesehen?"

„Wie, ist der hierher geflogen?", fragte der Alte.

„Ja. Aber zurückgeflogen kam so ein alter Ball … Mit so einem habe ich vor dem Krieg Fußball gespielt."

„Ja klar … ja klar …"

„Was ist denn daran klar?"

„Haben Sie denn nie von dem Seminargarten gehört?"

„Der hier?"

„Mhm … Das war ein Priesterseminar, auch Burse genannt." Der Alte deutete auf das Gebäude. „Und hier ringsum war der Garten. Was es hier für herrliche Bäume gab! Sogar Scheptyzkyj ist gern hierher gekommen … Er hat zum Beispiel unter diesem Tulpenbaum gestanden … obwohl, was ist das noch für ein Tulpenbaum? … nur ein Skelett ist noch übrig … und hat sich daran erfreut … Schneeweiße Blüten hatte der Baum … und einen Duft, dass einem schwindlig werden konnte … Und überall Bienen, die ganze Luft hat gesummt und gebrummt … Sie hatten hier auch Bienenstöcke, Gemüsebeete, Blumen, hier gab es einfach alles …"

„Und was ist dann passiert?"

„Wie dann? Zu Sowjetzeiten? Wissen Sie das denn nicht?"

„Nein."

„Dann erzähle ich es Ihnen. Die Seminaristen hatten eine Fußballmannschaft aufgestellt. 1946 trainierten sie immer dort drüben auf dem Feld, auf dem Sie jetzt auch spielen. Das sahen die sowjetischen Geheimdienstler und machten sich über sie lustig. Aber die Seminaristen waren auch nicht auf den Mund gefallen und konterten schlagfertig. So ergab ein Wort das andere, und sie verabredeten sich zu einem Freundschaftsspiel. An einem Sonntag trafen sich die beiden Mannschaften, die Geheimdienstler hatten ihre Frauen und Kinder mitgebracht, sie wollten sehen, wie sie den anderen einheizen. Aber daraus wurde nichts, weil die Seminaristen sechs Tore und die Geheimdienstler kein einziges schossen, obwohl sie sehr brutal spielten, in die Beine gingen und klammerten … Jetzt lachten die Jungs aus der Burse. Aber die NKWDler ließen es nicht dabei bewenden und forderten für den nächsten Sonntag Revanche. Allerdings verloren sie auch das zweite Spiel und zogen sauer von dannen. Ein paar Tage später kamen abends etwa zweihundert von ihnen auf Lastern angefahren, umstellten die Burse, führten die Jungs in den Garten und ließen sie eine Grube ausheben, dann erschossen sie alle, streuten Kalk darüber und schütteten Erde darauf.

Rewakowytsch hatte mit angehaltenem Atem zugehört und erst als der Alte zu Ende kam, bemerkte er, dass sich die Schüler hinter seinem Rücken versammelt hatten und ebenfalls zuhörten.

„Das heißt, sie sind bis jetzt dort … in dieser Grube?"

„Ja, wo sollten sie denn sonst sein? Kommen Sie mit, ich zeige es Ihnen …"

Der Alte führte sie hinter das Gebäude, wo sie sich durch ein Dickicht von Brennnesseln und Disteln schlagen mussten, und auf eine weite Lichtung an der Seitenmauer. Mitten auf der Lichtung zeichnete sich deutlich ein Quadrat ab, ringsum schoss Gras sattgrün in die Höhe, während das Quadrat, auf dem die Erde etwas eingesunken war, nur von flachem, bleichem Gras bedeckt war, über dem weder Schmetterlinge noch Fliegen kreisten.

„Sehen Sie?", fragte der Alte. „Dort will nicht einmal Gras wachsen. Da liegen sie immer noch alle. Sollten Sie noch einmal glücklichere Zeiten erleben, vergessen Sie diesen Ort nicht. Damit die Jungs ein würdiges Begräbnis bekommen, ihre Seelen quälen sich bis heute."

„Und woran dachten Sie, als Sie sagten, dass das eine klare Sache wäre?"

„Ach ja ... das, sehen Sie, wie das ist ... dieser Ort ist sonderbar ... hier ist schon öfter etwas weggekommen und dafür ist irgendein alter Fetzen aufgetaucht ... als ob jemand die Sachen vertauscht, sich etwas Neues nimmt und dafür alten Plunder rauswirft ... Sie sind nicht die einzigen, denen hier der Ball abhanden gekommen ist, aber Sie hatten noch Glück, Sie haben wenigstens einen bekommen, mit dem man noch spielen kann, es ist auch schon vorgekommen, dass nur ein Ballfetzen zurückgeflogen kam ... Oder dass jemand ein Kleidungsstück ausgezogen und an den Baum neben der Mauer gehängt hatte, und als er zurückkam, hing da nur ein alter Fetzen. Oder dass Lederschuhe gegen Holzpantinen ausgetauscht wurden."

„Ach kommen Sie!", entgegnete Rewakowytsch. „Das ist mir zum ersten Mal passiert. Aber wer macht denn so was?"

„Ja, wer denn schon – sie ..." Der Alte deutete auf das grüne Quadrat. „Sie finden keine Ruhe ... ich sag's ja, ihre Seelen quälen sich ..."

„Und woher wissen Sie das alles so genau?"

„Oh, ich bitte Sie, das habe ich alles mit eigenen Augen gesehen. Ich war damals Hausmeister in der Burse ... Als die Geheimdienstler kamen, saß ich gerade auf dem Dach und flickte ein Loch. Es hatte vorher geregnet, und an einer Stelle war das Dach undicht, ich wartete also, bis es aufklarte, die Sonne hatte das Dach ein bisschen getrocknet und dann kletterte ich hoch. Das Loch war klein und ich war schnell fertig, aber da kamen die Wagen angerattert. Ich war ganz starr und blieb mucksmäuschenstill sitzen. Sie haben mich nicht bemerkt."

Rewakowytsch trat näher an den Ort des Geschehens heran und sah sich das Gras genau an. Es sah tot aus, obwohl es nicht trocken war. Ein Grashüpfer, der eben noch fröhlich in der Nähe gezirpt hatte, hüpfte auf das Quadrat, klammerte sich an einen Queckenstengel, schaukelte noch einen Moment lang und fiel dann plötzlich wie angeschossen zu Boden, zuckte noch ein paar Mal und war tot. Nichts in dem Gras regte sich, nichts brummte, kein Flügelchen glänzte.

Als Rewakowytsch zu den Jungs zurückkam, war der Alte schon weg.

„Wo ist er denn hin?"

„In die Ruine gegangen."

Der KGB-Hauptmann Igor Koroljuk sah den Lehrer mit zusammengekniffenen Augen an, leicht geblendet von den Sonnenstrahlen, die durchs Fenster kamen, und dachte sich, dass man ihm da wieder mal eine Angelegenheit übertragen hatte, die nicht gut ausgehen würde. Da sitzt also dieser Lehrer vor ihm, der unter anderen Umständen Universitätsprofessor sein könnte, und erzählt irgendwelche Märchen. Obwohl … der Ball …

„Haben Sie diesen Ball?", unterbrach er den Lehrer.

„Ja, mein Herr."

„Nennen Sie mich nicht ‚mein Herr'. Sprechen Sie mich mit ‚Genosse Ermittler' an."

„Ja, Genosse Ermittler."

„Bringen Sie ihn morgen mit. Und was war dann weiter, als Sie dem Alten in das Gebäude gefolgt waren?"

„Ich habe ihn nicht gefunden. Er war verschwunden. Ich habe alle Ecken abgesucht, aber keine Spur."

„Gab es denn dort keine anderen Türen?"

„Sogar mehrere, aber die waren mit Ziegelsteinen und Platten versperrt. Da wäre er nicht rausgekommen."

Der Hauptmann zündete sich eine Zigarette an und schaute auf die Uhr. Das Gespräch dauerte nun schon zwei Stunden, und ein Ende war nicht abzusehen.

„Und wie erklären Sie sich das?", fragte er müde.

„Gar nicht."

„Weiter."

„Ich habe die Kinder zusammengerufen, wir haben noch ein bisschen weitergesucht, den Ball aber nicht gefunden. Als wir ins Stadion rauskamen, stellten wir fest, dass die Sportschuhe von zwei Jungen verschwunden waren und an ihrer Stelle alte, ausgetretene Schuhe standen ... Von der Firma Baťa ..."

„Wie, wie sagen Sie? Können Sie das aufschreiben? ... So – mit Apostroph?"

„Ja. Das waren Schuhe einer bekannten tschechischen Firma aus der Vorkriegszeit. Ich hatte selbst solche. Nach dem Krieg wurde die Firma verstaatlicht und produzierte Schuhe unter anderem Namen ... Ich glaube, Svit ... Und der Eigentümer der Firma, Jan Baťa, der sie nach dem tragischen Tod seines Bruders Tomáš geleitet hat, ist nach Kanada emigriert und hat dort die Firma Bata Shoes gegründet. Ohne Apostroph."

„Und diese Schuhe haben Sie natürlich?"

„Das waren Fußballschuhe. Ich dachte, man könnte vielleicht in der Schule ein Sportmuseum einrichten ..."

Der Hauptmann kniff die Augen noch enger zusammen und sah den Lehrer mit einem derart stechenden Blick an, dass diesem der Mund zuckte.

„Ist das Ihr Ernst? Alles ziemlich merkwürdige Zufälle ... Ein Ball, mit dem Sie gespielt haben, Schuhe, die Sie getragen haben ... Ich möchte Sie darauf hinweisen, dass Witze hier fehl am Platze sind."

„Das weiß ich."

„Oh ja, sicher wissen Sie das. Obwohl Sie damals auch Witze gemacht haben, als Sie zugegeben haben, dass Sie für den amerikanischen Geheimdienst tätig waren."

„Wenn man Sie zwingen würde, drei Tage barfuß auf einem kalten Steinfußboden zu stehen, ohne Essen, und Sie sich weder hinlegen noch setzen dürften, würden Sie noch ganz andere Sachen zugeben."

„Das waren andere Zeiten. Jetzt unterhalten wir uns in einem gemütlichen Büro. Sehen Sie – nicht mal Gitter vor den Fenstern." Der Hauptmann stand auf, drückte die Schultern durch und ging im Büro auf und ab, wobei er den Rauch seiner Zigarette einzog. Dann blieb er stehen und fragte:

„Sagen Sie, warum haben Sie die Kinder in die Sache hineingezogen? Warum haben Sie mit diesem Verrückten nicht allein gesprochen? Musste das unbedingt sein, dass das auch die Kinder hören?"

„Ich habe nicht bemerkt, dass sie näher gekommen waren und hinter meinem Rücken standen. Herbeigerufen habe ich sie bestimmt nicht."

„Haben Sie ihnen wenigstens erklärt, dass das alles Hirngespinste sind? Dass da niemand erschossen wurde?"

„Ja. Ich habe ihnen gesagt, dass sie das niemandem erzählen dürfen."

„Nein, Sie hätten ihnen erklären müssen, dass das vollkommener Schwachsinn ist!" Der Hauptmann wurde lauter. „Verstehen Sie? Schwachsinn! Und was haben wir jetzt?" Der Hauptmann öffnete einen Ordner. „Da. Der Achtklässler Petro Kowaltschuk, der diesen Schwachsinn gehört hat, hat es dem Neuntklässler Orest Korpan erzählt und Orest Korpan wiederum seinem Klassenkameraden Roman Strilziw ... Und so weiter und so fort ... Verstehen Sie, was das für eine Kettenreaktion ausgelöst hat? Und das ist längst noch nicht alles. Der Achtklässler Bohdan Hryzyk hat seinen Geschichtslehrer nach dem Schicksal der Seminaristen gefragt, die ihr Lehrgebäude auf dem Kortumowa-Berg hatten ... Und als der Lehrer antwortete, dass er nichts darüber wisse, erzählte Bohdan Hryzyk von dem Todesspiel. Genau so hat er es genannt – Todesspiel! Und das, wo wir nur von einem Todesspiel wissen – dem in Kiew. Als die Deutschen die Dynamo-Kiew-Spieler erschossen haben."

„Sie wissen doch, dass das nicht stimmt", sagte der Lehrer mit leiser Stimme.

„Was stimmt nicht?"

„Na, das mit dem Kiewer Spiel. Es stand doch in der Zeitung, dass nach dem Spiel in Wirklichkeit niemand erschossen wurde."

„Ich weiß. Das war eine irrtümliche Veröffentlichung. Zumal schon ein Film gedreht wurde, Denkmäler aufgestellt und auf einmal ... Das geht doch nicht. Im Leben muss auch Platz sein für Legenden. Aber nicht in Ihrem Fall. Sie haben die Schüler nicht belehrt, dass sie über das Treffen mit diesem Wahnsinnigen nichts herumerzählen dürfen. Und da haben wir's nun ..."

„Ich hätte nicht gedacht, dass Sie sich so dafür interessieren."

„Wissen Sie, dass Ihre Schüler schon eine Exkursion dorthin organisiert haben? Wissen Sie das? Und andere Schüler aus den höheren Klassen mitgenommen haben? Sie haben uns da sinnlose Arbeit und Schereien aufgehalst." Der Hauptmann klappte den Ordner zu, nahm einen Zettel und unterschrieb. „Das war's für heute. Ich erwarte Sie morgen um fünfzehn Uhr. Bringen Sie den Ball und die Schuhe mit. Hier, Ihr Passierschein, zeigen Sie den am Ausgang."

Rewakowytsch verließ das KGB-Gebäude auf der Dserschinski-Straße müde und ausgelaugt, zuletzt war das vor vielen Jahren so gewesen, aber damals war er jung, und jetzt sah die Sache anders aus. Er wohnte am Stadtrand in einem kleinen, alten Häuschen, das aus einem Zimmer und einer Küche bestand. Einige Jahre zuvor war seine Frau gestorben, die er im Lager kennengelernt hatte, aber der Lehrer ließ den Garten nicht verkommen, pflanzte jedes Jahr Blumen und Gemüse, kochte selbst, und in seiner Freizeit las er. Als unter Chruschtschow das Tauwetter eingesetzt hatte, begann er, seine Erinnerungen an die Lager aufzuschreiben, aber das Tauwetter wurde bald von einer neuen Kälteperiode abgelöst. Da er schon einmal eine Hausdurchsuchung erlebt hatte, hatte der Lehrer Angst um seine Aufzeichnungen. Was, wenn sie sie fanden? Schon jetzt konnten sie jeden Augenblick kommen.

Zu Hause empfing ihn sein grauer Kater, er kam ihm mit einer Maus zwischen den Zähnen entgegen.

„Du bist ein feiner", lobte ihn der Lehrer, nahm die Maus und warf sie in den Müll. „Komm, ich gebe dir Milch."

Der Kater war sein einziger Gesprächspartner, er hörte sich höflich alles an, was sein Herrchen sagte und gab von Zeit zu Zeit ein beruhigendes und freundliches Miau von sich.

Der Lehrer suchte das dicke Päckchen, in dem sich seine Aufzeichnungen befanden, geschrieben in der akkuraten Handschrift eines alten Intellektuellen, und dachte nach. Sie zu verbrennen wäre schade, wer weiß, vielleicht würden noch bessere Zeiten kommen. In der Küche unter dem Fußboden war ein Keller, wo er Kartoffeln, Kohl und Gläser mit Eingemachtem aufbewahrte. Die waren noch von seiner Frau, und obwohl sie sicher kaum noch essbar waren, brachte er es nicht übers Herz, sie wegzuwerfen. Jetzt war ihm alles, was von ihr geblieben war, lieb und teuer. Jedes Mal, wenn er in den Keller ging, berührte er die Gläser, und ihm wurde leichter ums Herz. Auch dieses Mal fuhr er mit der Hand über die Blechdeckel, wischte den Staub ab und lächelte versonnen. Die Gläser verbanden ihn mit seiner Frau, auch sie hatte sie damals berührt.

Der Lehrer nahm einen Sack vom Regal, steckte das Päckchen hincin, hob die Kante einer Kiste mit Kohl an und schob seinen Schatz darunter. Danach legte er sich aufs Sofa und schaute zur Decke. Essen wollte er nicht, lesen auch nicht. Er dachte an den verwilderten Seminargarten und das Quadrat mit dem verdorrten Gras, unter dem die Jungen lagen. Jetzt, wo der KGB die Sache übernommen hatte, würde der Ort mit Sicherheit vernichtet werden. Sie würden ihn zuschütten, einebnen und irgendwelche Büsche anpflanzen. Danach wäre das Grab der Seminaristen unauffindbar.

Der Lehrer stand auf, setzte sich an den Tisch und machte eine Skizze des Gartens. Das Grab befand sich an der äußeren Seitenmauer, und gleich hinter der Mauer waren Garagen, die sicher noch eine Weile dort stehen würden. Von den flachen Garagendächern ragten schwarze Rohre empor, die als Schornsteine dienten, aber das Rohr auf der Garage direkt gegenüber dem Grab war höher als die anderen und weiß angestrichen. Außerdem war dieses Dach mit Schiefer gedeckt, während die anderen geteert waren. Das würde ihm als Orientierung dienen. Dann versah er seine Skizze mit verschiedenen ablenkenden Elementen – einem Fluss, Wald, einer Kirche, einem Berg, einer Straße … wer weiß, vielleicht hatte er ja vor, sich auf dem Land einzurichten.

Jetzt war er etwas ruhiger, er brühte Tee auf, schnitt Brot ab und belegte es mit billigem Schmelzkäse. Das war sein Mittagessen, obwohl er auch schnell eine Erbsensuppe aus der Tüte hätte kochen können. Der Kater machte es sich auf seinem Schoß bequem und schnurrte leise.

Als der Hauptmann die Sachen betrachtete, die der Lehrer mitgebracht hatte, äußerte er den Wunsch, die Ruine der Burse persönlich aufzusuchen, und Rewakowytsch verspürte einen leisen Argwohn, ihm drohe wieder Sibirien, denn obwohl die Stalinzeit vorbei war, gab es immer wieder Fälle, wo Lehrer verhaftet wurden, weil sie den Schülern eine etwas andere Geschichte der Ukraine erzählt hatten. Nicht wenige Lehrer – wie auch alte Professoren – wurden noch zu Beginn der Siebziger vom Schuldienst suspendiert. Ein Kontakt mit dem KGB führt zu nichts Gutem, dachte der Lehrer, so oder so, das wird auch an mir nicht vorübergehen. Bestenfalls lande ich im Kesselraum – dem letzten Zufluchtsort der sowjetischen Intelligenzija. Das ging ihm durch den Kopf, während er auf den Hauptmann wartete, der ein Treffen an der Straßenbahnhaltestelle an der Schewtschenko-Straße anberaumt hatte.

Der Hauptmann war pünktlich und trotz der Hitze förmlich gekleidet, und da er einen Fotoapparat über der Schulter hängen hatte, ähnelte er eher einem Touristen als einem Offizier der Staatssicherheit. Rewakowytsch atmete erleichtert auf, er hatte befürchtet, dass der KGBler in Uniform erscheinen würde und er in dieser Gesellschaft die Straße entlanglaufen müsste. Unterwegs sprachen sie nicht, der Hauptmann rauchte und schaute sich interessiert um, als wäre er zum ersten Mal in dieser Gegend. Bald darauf durchquerten sie das Stadion und blieben an dem Mauerdurchbruch stehen. Keine Menschenseele war in der Nähe.

„Gibt es denn hier kein Tor?", fragte der Hauptmann.

„Doch, aber auf der anderen Seite. Wenn Sie wünschen …"

„Nein, nein, ich frage nur so …"

Sie betraten den Garten, und Rewakowytsch verspürte dieselbe Unruhe wie beim ersten Mal. Es war, als würden ihnen Dutzende Augen folgen, aber ringsum herrschte Stille, die Krähen waren verschwunden und die Insekten, die aufflogen, summten irgendwie gedämpft, so als ob sie nicht direkt hier wären, sondern irgendwo weiter weg. Von Zeit zu Zeit knackte ein trockener Ast, ein Stück sprang ab, dann erzitterten die Büsche, und kleine Fliegen flogen auf. Wie schon beim ersten Mal jaulte das Klappfenster in dem Gebäude herzzerreißend, und der Hauptmann sah den Lehrer fragend an, als er das Geräusch vernahm. Der Lehrer erklärte, woher es kam, der Hauptmann nickte und bat, ihm zu zeigen, wo die erschossenen Seminaristen begraben lägen. Diese ganze Geschichte schien ihm mehr als unglaubwürdig. Dass es im Juni und Juli 1941 in der ganzen Ukraine Erschießungen gegeben hatte, wusste er. Die Tscheka hatte vor dem Einmarsch der Deutschen die Gefängnisse gewissenhaft von politischen Gefangenen gesäubert, da gab es Dokumente und unzählige Augenzeugenberichte, die bereits während des Krieges in der Besatzungspresse und im Ausland veröffentlicht worden waren. Es gab sogar eine Wochenschau. Aber Massenerschießungen nach dem Krieg … davon hatte Koroljuk nichts gehört. Allerdings war er merklich beeindruckt, als er das Quadrat mit dem niedrigen, kümmerlichen Gras sah, das sich deutlich inmitten der üppigen Vegetation mit kniehohen Quecken, riesigen Kletten und stolzen Disteln abzeichnete. So ein Quadrat hatte er schon einmal auf dem Zentralfriedhof in Iwano-Frankiwsk gesehen. Dort waren die Opfer von 1941 begraben.

Der Hauptmann nahm den Fotoapparat aus der Hülle und machte einige Aufnahmen. Der Lehrer stand dabei, er hatte keinerlei Verlangen, ein Gespräch mit dem KGBler anzufangen, und beantwortete nur höflich dessen Fragen. Sein Blick fiel auf eine Stromleitung, die direkt über dem Grab und weiter über den Garagen verlief. Wieso hatte er die früher nicht bemerkt? Er musste sie unbedingt auf seiner Skizze einzeichnen.

Der Hauptmann machte sich auf den Weg zum Haus. Drinnen hatte sich nichts verändert, oder doch – an der Wand lagen ein paar Bierflaschen herum. Die waren früher nicht da gewesen, die Schüler hatten also wirklich eine Exkursion veranstaltet. Der Hauptmann schüttelte schweigend den Kopf und seufzte. Sie gingen langsam von Raum zu Raum, sahen aber überall nur haufenweise Gerümpel, bis der Blick des Hauptmanns auf eine Holztreppe fiel, die nach oben führte.

„Was glauben Sie? Was ist dort?"

„Wahrscheinlich der Dachboden."

„Haben Sie da nicht hinauf geschaut?"

„Wir haben den Ball gesucht. Der hätte nicht da hoch fliegen können."

„Wer weiß." Der Hauptmann zuckte mit den Schultern und zündete sich eine Zigarette an. „Vielleicht sollten wir mal hochgehen?"

„Ich weiß nicht, in welchem Zustand die Treppe ist ... Und die Decke ist auch aus Holz ... Vielleicht ist sie morsch ..."

„Macht nichts, wir passen auf."

Er ging entschlossen zu der Treppe und der Lehrer folgte ihm gehorsam. Die Treppe knarrte und knackte, der Hauptmann versuchte, auf den Rand der Stufen zu treten und der Lehrer machte das gleiche, er spürte, wie die Unruhe immer stärker wurde. Er nahm sogar eine Tablette Validol aus der Tasche und legte sie sich unter die Zunge. In seinem Kopf hämmerte es, sein Blutdruck stieg spürbar.

Es war tatsächlich ein Dachboden, ziemlich geräumig, auch

hier lagen Bretter und kaputte Möbel, außerdem diverse Lumpen, die mal schwarze Soutanen, Hosen, Gürtel und Schuhe gewesen sein mussten, auch ein paar alte Bälle lagen herum. Der Lehrer hob einen auf, das war genau so ein Ball, wie ihn jemand über die Mauer geworfen hatte, nur zerstochen.

„Sie haben hier also wirklich Fußball gespielt", sagte der Hauptmann. „Und der Ball ist der gleiche. Irgendjemand hat sich da einen Spaß mit Ihnen erlaubt."

„Nicht nur mit mir."

„Und da … schauen Sie … was ist dort?" Er deutete in eine Ecke, wo sich etwas Schwarzes abzeichnete. Der Lehrer rückte seine Brille zurecht, wobei das wenig half, weil es in der Ecke stockfinster war. Aber der Hauptmann war gut ausgerüstet, er nahm eine kleine Taschenlampe und leuchtete in die Ecke. Jetzt konnte man eine alte, von einer dicken Staubschicht bedeckte Holztruhe erkennen. Als sie näher herankamen, mussten sich beide bücken, weil das Dach hier tiefer war, der Hauptmann untersuchte die Truhe aufmerksam und sagte erstaunt:

„Hier ist so viel Staub, als ob die jahrelang niemand angefasst hätte."

„Wieso verwundert Sie das?"

„Die menschliche Neugier kennt keine Grenzen. Sie glauben doch nicht etwa, dass außer uns noch niemand hierher vorgedrungen ist? Versuchen Sie, den Deckel anzuheben, ich werde leuchten."

Die Aufgabe gefiel dem Lehrer nicht, aber er widersprach nicht und versuchte, den Deckel anzuheben, aber irgendetwas hakte, obwohl kein Schloss zu sehen war.

„Was ist denn los?"

„Irgendwie geht das nicht … als ob …" Der Lehrer richtete sich auf und stieß sich an einem Balken.

„Dann leuchten Sie jetzt."

Der Hauptmann griff entschlossen nach dem Deckel, zog und spürte wohl dasselbe wie der Lehrer, denn er konnte sich nicht beherrschen und fluchte – der Widerstand war so stark, als ob jemand den Deckel von innen zuhalten würde. Der Hauptmann trat ein, zwei Schritte zurück, um nicht gebückt dazustehen, zog seine Pistole und befahl:

„Los, komm raus!"

„Glauben Sie … da ist jemand?", fragte der Lehrer, der seinen eigenen Empfindungen noch immer nicht traute.

„Glauben Sie was anderes? Dort sitzt bestimmt dieser Alte. Der ehemalige Hausmeister. Komm raus oder ich schieße!" Aber aus der Truhe kam kein Laut. „Ich zähle bis drei!"

„Vielleicht besser nicht?" Der Lehrer tippte ihm auf die Schulter.

„Dann soll er rauskommen. Eins …" Es herrschte eine solche Stille, dass es dem Lehrer in den Ohren rauschte, und er schüttelte den Kopf. „Zwei …"

„Hören Sie …", setzte der Lehrer an. Er wollte wirklich schießen! Er meinte es ernst!

„Drei! …", sagte der Hauptmann, schoss aber nicht. Er wartete noch einen Augenblick, sah den verblüfften Lehrer an, als wollte er ihn um Rat fragen, und steckte die Pistole weg. Dann sah er sich um, nahm einen flachen Eisenstab und versuchte die Truhe aufzustemmen. Er schob den Eisenstab ein paar Zentimeter unter den Deckel und als er das andere Ende nach oben drückte, knackte der Deckel und gab nach, jedoch mit einem so jämmerlichen Ächzen, dass es einem durch und durch ging. Der Hauptmann bückte sich und stemmte sich mit seinem ganzen Körper gegen die Eisenstange, der Deckel knackte laut und zerbarst. Der Lehrer richtete das Licht der Taschenlampe in die Truhe. Dort war niemand. Aber auch das, was sie da sahen, verblüffte sie sehr. Die Truhe war voller Bälle, Trikots, Fußballschuhe, Turnschuhe und anderem Kram, der so in einem Stadion zu sehen ist. Aber alles stammte aus der Gegenwart und nicht aus der Vorkriegszeit.

„Da sind also die ganzen gestohlenen Sachen …", sagte der Hauptmann.

Der Lehrer trat näher, erkannte den Schulball und nahm ihn heraus.

„Wo wollen Sie damit hin?" Der Hauptmann hielt ihn auf.

„Das ist ein Beweismittel."

„Reicht Ihnen das nicht? Ich habe die Verantwortung für diesen Ball. Da, schauen Sie: Die Inventarnummer ... drei, acht ..."

„Schon gut ... Leuchten Sie noch mal."

Der Hauptmann wühlte in der Truhe, fand aber nur das, was sie schon gesehen hatten.

„Dieser Alte ist bestimmt verrückt", sagte er zu dem Lehrer. „Er stiehlt Sachen und bringt sie hierher. Und wirft dafür irgendwelches Gerümpel raus."

„Aber Sie haben doch selbst gesehen, dass die Truhe vom Staub vieler Jahre bedeckt ist."

„Ich weiß auch nicht, wie er es geschafft hat, die Truhe zu öffnen, ohne sie anzufassen ... Aber so ist es nun mal ... Jetzt leuchten Sie, wohin ich zeige, und ich mache Fotos."

Der Fotoapparat klickte und klickte, das Blitzlicht leuchtete auf, und der Lehrer spürte, wie ihm kalt wurde und ihn ein solches Frösteln überkam, dass er unwillkürlich die Schultern zusammenzog. Der Hauptmann hielt inne und sah den Lehrer verwundert an:

„Was ist denn das? Woher kommt denn diese Kälte?"

„Spüren Sie das auch?"

„Ja, und wie. Draußen scheint die Sonne und hier auf einmal ..." Er sah sich auf dem Dachboden um, konnte aber nichts Verdächtiges entdecken. „Na gut ... Ich bin fertig, gehen wir."

Als sie die Treppe hinuntergingen, sah der Lehrer aufmerksam nach unten, überall tauchten plötzlich entsetzte Gesichter auf, aus den Lumpen und aus den eingedrückten Bällen, aus den Staubhaufen und den Dielen, es waren zahllose Gesichter, und sie starrten ihn mit aufgerissenen Augen an, ihre Münder wollten schreien, aber es kam kein Laut heraus, der Lehrer hob die Füße und stakste, um nicht auf sie zu treten.

„Warum staksen Sie wie ein Reiher?", fragte der Hauptmann belustigt, aber der Lehrer antwortete nicht. Wenn der Hauptmann so fragte, sah er sicher nicht dasselbe wie er, aber vielleicht sah er da auch nur Muster, die ihm wie Gesichter erschienen, so etwas war früher schon vorgekommen, wenn auch nicht in diesem Ausmaß.

Sobald sie unten waren und in den Garten hinaustraten, ließ die Kälte nach.

„Möchte mal wissen, wo sich Ihr Bekannter versteckt hat. Na, den werden wir schon noch finden."

„Ist Ihnen aufgefallen, dass dort auf dem Dachboden nicht nur die Truhe voller Staub ist, sondern alles andere auch? Alle Dielen. Da war keine Spur zu sehen. Als ob dort lange niemand mehr gewesen ist, allerdings …"

„Ich denke mal, wenn man versucht, nur auf die Lumpen zu treten, hinterlässt man keine Spuren. Oder man geht zum Beispiel über die Dielen und verwischt die Spuren dann mit Staub. Wissen Sie, wie man mit Schnee Spuren verwischt?" Der Hauptmann nahm eine Schachtel Orbit aus der Tasche und drehte die Zigarette nachdenklich zwischen den Fingern. „Sie sagen, hier gibt es noch ein Tor? Lassen Sie uns noch dahin gehen."

Auf der anderen Seite des Gebäudes gab es nur wenige Bäume, dort standen vor allem kleine Holunderbüsche. Das Tor sahen sie schon von weitem, auf beiden Seiten waren Mauerreste zu sehen, aber bevor sie dort ankamen, bemerkten sie in den Büschen ein verzogenes Kreuz, das mit einer Ecke den Boden berührte. An das Kreuz war eine rostige Tafel genagelt, auf der man noch *Artemij Penzak. 1880 – 1952* entziffern konnte.

In dem Moment war hinter ihrem Rücken ein Rascheln zu hören, beide sahen sich um und erblickten einen betagten Mann, in dem der Lehrer sofort den Hausmeister der Burse erkannte. Der Hauptmann griff instinktiv nach seiner Pistole, hielt jedoch inne und fragte den Lehrer:

„Ist das der, mit dem Sie gesprochen haben?"

Der Lehrer zögerte einen Augenblick, sah den Mann an und überlegte, aber der Alte kam ihm zuvor:

„Jawohl, mein Herr, das bin ich."

„Sie waren also Hausmeister in dem Seminar?"

„Nein, nein, ich nicht. Der da", und er deutete auf das Kreuz.

„Aber haben Sie dem Lehrer nicht gesagt, dass Sie hier Hausmeister waren?"

„Das hat er vielleicht so verstanden. Ach, mein Herr, was ich nicht alles war …"

„Sie sagten, dass Sie Zeuge der Erschießung waren?"

„Gott behüte! Das war Artemij, und der hat mir das erzählt, aber ich – woher denn? …"

„Sie haben das also selbst gar nicht gesehen, aber erzählen es rum."

„Entschuldigung. Ich werde es nicht mehr tun. Aber wundern Sie sich nicht über mich, ich bin verrückt. Früher hieß es in Lemberg von solchen Leuten, sie hätten Grillen im Kopf. Habe ich auch. Kennen Sie die Geschichte, wo einmal ein Junge nicht zur Armee wollte und behauptete, er sei eine Grille? Auf jede Frage antwortete er mit ‚Zirp! Zirp! Zirp!'. Ich auch: ‚Zirp! Zirp! Zirp!' Was wollen Sie von einem Irren?"

„Und warum stehlen Sie den Fußballern Kleidung und Bälle und werfen dafür alte Lumpen hin?"

„Das bin ich nicht!"

„Wer denn dann? Hier ist ja sonst niemand weiter!"

„Ich bin auch nicht da. Aber sie schon."

„Wer?"

„Die Sie beobachten."

Der Hauptmann sah sich verwundert um.

„Sie können sie nicht sehen", sagte der Alte. „Sie denken, dass das Spiel immer noch weitergeht."

„Welches Spiel?"

„Das Fußballspiel."

„Wer sind – sie?"

Der Alte machte ein dummes Gesicht und lachte auf:

„Zirp! Zirp! Zirp! Zirp!"

Der Hauptmann nahm den Fotoapparat und drückte ein paar Mal auf den Auslöser. Der Alte erstarrte, mit einer unbeschreiblichen Freude auf dem Gesicht, dann drehte er sich um und ging mit eingezogenen Schultern durch die Büsche, nicht der kleinste Zweig zitterte, wenn er anstieß.

„Habe ich's mir doch gedacht – ein Verrückter", brummte der Hauptmann und sah den Lehrer an. „Warum schweigen Sie?"

„Was soll ich denn sagen?"

„Haben Sie jetzt begriffen, dass das alles Schwachsinn ist? Dass es keine Erschießung gegeben hat? Und dieses Quadrat kann zum Beispiel dadurch entstanden sein, dass dort irgendwann mal Kalk vergraben wurde. Hab ich Ihnen doch gleich gesagt. Nehmen Sie die Schüler zusammen und erklären Sie ihnen alles. Niemand hat 1946 mehr irgendwelche Massenerschießungen durchgeführt. Das waren doch keine Bandera-Anhänger. Warum hätte man sie erschießen sollen?"

„Ich verstehe", erwiderte der Lehrer. „Sie werden mich also nicht … zur Verantwortung ziehen …"

„Nein. Aber mit den Schülern müssen Sie unbedingt reden. Sonst werden sowohl der Schuldirektor als auch Sie Unannehmlichkeiten bekommen."

Sie gingen auf die Straße zurück, und als der Hauptmann dem Lehrer die Hand gab, spürte er, dass dessen Hand kalt und feucht war.

Der Leiter des KGB-Archivs war der alte Kader Buratschenkow, den man nicht in Rente gehen ließ, weil er schon vor dem Krieg für den Staatssicherheitsdienst gearbeitet hatte und daher über viele wertvolle Informationen verfügte, die für die Lemberger KGBler unentbehrlich waren. Buratschenkow war die Ehre zuteil geworden, Lenin persönlich gesehen zu haben, und gern erzählte er in den Schulen von diesem unvergesslichen Treffen, wobei er mit den Jahren immer neue Details hinzufügte und das Gespräch mit dem Revolutionsführer um neue Aphorismen bereicherte, die er sorgfältig aus dem Buch *Goldene Gedanken* abschrieb.

Koroljuk suchte gleich am nächsten Morgen das Archiv auf und erkundigte sich, ob Buratschenkow etwas von der Erschießung der Seminaristen gehört hätte. Der alte Tschekist lächelte listig, schlug ein Bein über das andere und faltete tiefsinnig die Hände über seinem dicken Bauch. Auf seinem kahlen Schädel pulsierten die Adern, und die buschigen Augenbrauen zogen sich zusammen.

„Warum willst du denn was wissen, was man nicht wissen muss?"

„Muss man schon, und ich sowieso!" Der Hauptmann erzählte kurz, was er von dem Lehrer gehört hatte.

Buratschenkow seufzte, wühlte in seinen Taschen und wandte sich, da er keine Zigaretten fand, an den Hauptmann:

„Gib mir mal eine Zigarette." Er nahm einen tiefen Zug, räusperte sich und fuhr fort:

„Ich weiß nicht, was ich dir sagen soll. Du sorgst ja schließlich dafür, dass sich diese Geschichte nicht ausbreitet. Dass sie sozusagen im Keim erstickt wird. Und es ist auch völlig egal, ob das wirklich so war oder nicht. Denn was ändert das? Die Gerüchte von einer Erschießung müssen unterbunden werden. Sonst fangen die Leute an, Andachten abzuhalten, schleppen Blumen und Kränze an ... Das hat uns gerade noch gefehlt – ein Lemberger Todesspiel."

„Wollen Sie, dass ich mit einer Anfrage vom Vorgesetzten komme?", fragte der Hauptmann in mürrischem Tonfall.

„Na na, wer wird denn da gleich zum Vorgesetzten laufen? Geh lieber in die Kantine und hol ein Fläschchen Kognak und Schokolade. Dann können wir uns unterhalten."

Der Hauptmann lächelte, Buratschenkows kleine Schwäche kannten alle, ohne Flasche brauchte man bei ihm gar nicht aufzutauchen, aber wenn er ihn schon eine holen schickte, musste an der Geschichte mit den Seminaristen etwas dran sein. Als er ins Archiv zurückkam, drehte der Hauptmann den Schlüssel in der Tür um und setzte sich an den Tisch. Buratschenkow nahm kleine vergoldete und geschliffene Gläschen aus der Schublade.

„Siehst du … diese Gläschen … aus dem Eigentum der Lanzkoronskis. Na los, gieß ein. Also … Das war im Herbst 1946. Altweibersommer. Im Krieg saß in dem Gebäude hier die Gestapo. Danach haben wir das übernommen. Und uns so langsam eingerichtet. Arbeit gab es ohne Ende. In der Stadt waren noch so viele feindliche Elemente, dass wir es gar nicht geschafft haben, alles aufzudecken und sie dahin zu schicken, wo sie hingehören. Die Ermittlungen wurden in aller Eile geführt, wie am Fließband. Die Polen haben wir in den Westen geschickt, die Nationalisten in den Osten, im Zentrum von Lemberg, du wirst es nicht glauben, hörte man nur Russisch. Es waren so viele Gauner von der Stabsabteilung gekommen! Und alle wollten natürlich hochherrschaftliche Wohnungen! Du hättest mal sehen sollen, wie ihre Frauen ins Theater gingen! Sie hatten ja in den konfiszierten Wohnungen die ganze Garderobe vorgefunden. Und die lieben Damen zogen sich die Seidennachthemden an. Unter denen waren dann, wenn Licht drauf schien, die knielangen Flanellunterhosen für eins zwanzig zu sehen." Er brach in fröhliches Gelächter aus. „Ja – a, ein interessanter Anblick … Ein Oberst, ich werde jetzt keine Namen nennen, hat sich seine Fresse im Klobecken gewaschen, weil er dachte, das sei das Waschbecken, und meckerte die ganze Zeit, dass er es, verdammt noch mal, nicht schaffe, sich zu waschen, ehe das Wasser ablief, und er warten müsse, bis sich neues angesammelt hat." Und wieder schüttelte sich Buratschenkow vor Lachen, und die schwarzen Härchen, die aus seinen Nasenlöchern hervorschauten, bebten. „An den Sonntagen gingen wir zur Entspannung Fußball spielen. Ich war damals sechsunddreißig. Ich war rank und schlank."

„Wie, und Lenin?"

„Was ist mit Lenin?"

„Dann haben Sie den also als Kind gesehen? Wenn Sie 1912 geboren wurden und Lenin 1924 gestorben ist."

„Kindheitserinnerungen sind die stärksten, das kannst du mir glauben. Weißt du, ich kann mich jetzt manchmal nicht erinnern, wo ich meine Brille hingelegt habe. Aber wenn du mich fragst, was ich am 21. April oder am 10. Mai oder am 15. September 1924 gemacht habe – das kann ich dir sagen."

„Gut möglich. Aber die Gespräche mit Lenin …"

„Hör mal, was willst du denn von mir? Dass ich dir was von Lenin erzähle? Gieß mal ein. Ich war ihm so nahe wie jetzt dir. Aber den Schülern ist das zu wenig, stimmt's? Also habe ich … Aha … wir haben also Fußball gespielt. Wir hatten auch ein eigenes Stadion, aber das hatten die Oberen in Beschlag genommen. Also gingen wir dorthin, zum Janiwski-Friedhof. Morgens spielten da die Arbeiter der Glasfabrik und danach, nach dem Gottesdienst, die Seminaristen. Und nach ihnen wir. Naja, und es war halt Sonntag, du verstehst schon. Wir hatten uns früh ein bisschen gestärkt, auch was mitgenommen, die Sonne brannte auf den Schädel, und unsere Jungs legten sich mit den Seminaristen an. Und zu guter Letzt haben wir uns zu einem gemeinsamen Spiel verabredet."

„Ja, das weiß ich. Sie haben das erste Spiel verloren und das zweite auch. Aber erschießt man die anderen deshalb gleich?"

„Nein, nicht deshalb. Aber wir hatten gerade im März die griechisch-katholische Kirche liquidiert. Alle Katholiken, die nicht zur Orthodoxie übertreten wollten – ab zum Bäume fällen. Das waren vor allem ältere Leute. Die Chance war also gering, dass die das überleben würden. Aber was sollten wir mit den Jüngeren machen? Die bringen da ihre zehn Jahre zu oder auch die vollen fünfundzwanzig, kommen zurück und stiften wieder Unruhe. Also kam die Anweisung von oben – liquidieren."

„Ich verstehe die Logik nicht … Die jungen Partisanen wurden ins Lager geschickt und die Seminaristen erschossen?"

„Denk doch mal nach. Die Partisanen waren dumme Bauerntölpel … Was sollten die denn für eine ideologische Gefahr darstellen? Aber diese Intelligenzler … Das waren übrigens nicht nur die von hier … da waren auch einige Belgier und Italiener dabei. Scheptyzkyj selbst hatte noch 1913 belgische Redemptoristen nach Lemberg geholt. Sie lernten Ukrainisch, gründeten ein Kloster und eine Schule. Hätten wir sie zurück nach Belgien oder Italien schicken sollen? Damit sie dann wieder Ärger machen?"

„Haben Sie davon gehört, dass dort im Stadion Sachen verschwinden und an ihrer Stelle andere … ältere auftauchen …"

Buratschenkow lächelte und ließ sich ein Stückchen Schokolade auf der Zunge zergehen.

„Willst du das auch untersuchen?"

„Ich will der Wahrheit auf die Spur kommen."

„Wir sind der Sache nachgegangen … Erst sah es so aus, als ob es keine Zeugen gegeben hätte … und dann stellte sich heraus, dass der Hausmeister alles gesehen hatte."

„Wie haben Sie das bemerkt?"

„Die Erschießung war spät. Bis die Grube ausgehoben war, bis wir die alle erledigt hatten, war es Nacht geworden. Wir kamen also am nächsten Tag zurück, um die Spuren zu beseitigen. Wir kletterten auf den Boden, da stand die Dachluke offen und auf dem Dach lag Werkzeug. Und Zigarettenstummel. Trockene. Und tagsüber hatte es geregnet. Die Zigarettenstummel mussten also vom Abend sein. Wir suchten nach diesem Hausmeister, aber er war wie vom Erdboden verschluckt. Und jetzt sagst du, dass da so ein Alter aufgetaucht ist … Vielleicht erlaubt der sich da einen Spaß? Stiehlt die neueren Sachen und wirft dafür ältere hin? Setz eine Durchsuchung an … Vielleicht ist er zu finden. Du machst mich ganz schön müde. Schluss für heute."

„Haben Sie irgendwelche Dokumente von der Erschießung? Eine Namensliste?"

„Alles in Moskau. Alles, was die Ukrainische Griechisch-Katholische Kirche betraf, wurde nach Moskau geschickt. Obwohl ich glaube, dass die dort schon alles vernichtet haben. Wenn es keinen Menschen mehr gibt, gibt es keinen Fall mehr."

„Sagt Ihnen der Name Artemij Penzak was?"

„Artemij Penzak …" Buratschenkow dachte nach, wiederholte noch ein paar Mal: „Penzak … Penzak … Komm, jeder noch ein Glas …" Nachdem er getrunken hatte, schüttelte er den Kopf und hob den Zeigefinger: „Warte, es gibt ja die Kartei." Schon ein paar Minuten später kehrte er mit einem Ordner zurück, öffnete ihn und verkündete froh: „Volltreffer! Das war doch der Hausmeister, den wir gesucht haben. Das ist er!" Und er zeigte ein Foto von einem betagten Mann.

Der Hauptmann sah es und spürte, wie ihm ein Schauer über den Rücken lief – von dem Foto sah ihn der Verrückte an, dem der Lehrer und er an der Ruine begegnet waren.

„Was ist denn los?", fragte Buratschenkow, der die Reaktion des Hauptmanns bemerkt hatte.

„Ich habe sein Grab gesehen."

„Von dem hier?"

„Ja. Aber … auch ihn selbst."

„Was? Das kann nicht sein! Der wäre jetzt … warte … hundertundzwei!"

„Er sah aus wie achtzig … nicht älter …"

„Also war er es nicht."

„Ich habe ein Foto."

„Gib mal her."

„Das wird gerade entwickelt. Vielleicht ist es schon fertig."

Der Hauptmann wählte die Nummer des Labors und bat, die Fotos ins Archiv zu bringen.

Buratschenkow räumte derweil die Flasche und die Gläser vom Tisch und legte statt dessen einen Stoß Akten auf den Tisch, zwinkerte dem Hauptmann zu und versenkte sich in eine Akte. Kurz darauf erschien der Fotograf mit einem schuldbewussten Blick. Er legte einen Stapel Fotos vor den Hauptmann hin und zuckte bedauernd mit den Achseln:

„Die meisten Aufnahmen sind unbrauchbar … ich konnte nichts machen … es ist unmöglich, sie zu entwickeln …"

„Was soll das heißen, unmöglich?", fuhr ihn der Hauptmann an und nahm sich die Fotos. Nur die Aufnahmen, die er im Garten gemacht hatte, waren scharf. Weder das Quadrat im Gras, noch all das, was sie auf dem Dachboden gesehen hatten, war zu erkennen – nichts als schwarze Flecke. Am schlimmsten war, dass auch anstelle des Alten auf dem Foto nur ein unscharfer Fleck zu sehen war, in dem sich nur vage die Konturen eines Menschen abzeichneten. Dafür war das Foto mit dem Kreuz gelungen. Buratschenkow nahm es, betrachtete es aufmerksam und sagte zufrieden:

„Ausgezeichnet. Ich lege es hier in diese Akte, und wir können die Sache mit dem Hausmeister als abgeschlossen betrachten."

Der Hauptmann widersprach nicht, er war verblüfft und wusste nicht, was er denken sollte.

Ein paar Tage später rief ihn sein Vorgesetzter zu sich.

„Wir haben diesen Lehrer entlassen ... Ich weiß nicht, wie du das siehst, aber ich traue ihm nicht. Ich habe den Eindruck, dass er sich das alles ausgedacht hat. Mit diesem Hausmeister."

„Die Schüler haben ihn auch gesehen."

„Und wenn schon – Verrückte gibt es viele. Wie hast du gesagt: ‚Zirp? Zirp? Zirp?' Spaßvogel! Ich habe da gestern einen Bagger hingeschickt, der hat dieses Quadrat zugeschoben. Das Gebäude ist auch abgerissen und alles abtransportiert. Jetzt werden dort die dürren Bäume gerodet, neue gepflanzt und ein Park angelegt. Wer weiß, was da sonst so vor sich geht. Dort das Stadion und gleich daneben so eine verwahrloste Fläche. Und noch etwas ... gib diesen Fotoapparat ab, den sollen sich unsere Techniker mal ansehen. Er ist schon alt. Du bekommst einen neuen. Das war's, du kannst gehen."

Der Hauptmann trat auf der Stelle.

„Was ist denn noch?", fragte der Vorgesetzte.

„Der Lehrer ... der steht doch kurz vor der Rente ..."

„Bist du zum barmherzigen Samariter geworden? Weißt du,

was dein Lehrer während des Krieges gemacht hat? Mit den Partisanen in Polesien gekämpft."

„Also gegen die Deutschen?"

„Schon, aber unter welcher Fahne! Nein, solche Leute sollte man unter allen Umständen von der Schule fernhalten."

Der Hauptmann verließ das Büro seines Vorgesetzten mit Schuldgefühlen gegenüber dem Lehrer, der praktisch völlig unschuldig war. Woher hätte er wissen sollen, was dieser Verrückte da vor den Schülern faseln würde. Obwohl der Verrückte ganz schön listig war, in seiner Anwesenheit hatte er nichts gesagt. Das war es aber nicht, was den Hauptmann verwunderte, sondern dass die Fotos nichts geworden waren, und zwar gerade die allerwichtigsten. So etwas war ihm noch nie passiert.

Er ging in sein Büro, nahm eine Flasche Kognak aus dem Schrank, goss sich ein Glas ein und kippte es hinunter. Dann setzte er sich an den Tisch, blätterte in seinen Papieren, steckte sich eine Zigarette an, lehnte sich im Sessel zurück und dachte nach. Er dachte daran, wie der Lehrer dort auf dem Dachboden herumgestakst war. Als ob er Angst gehabt hätte, auf etwas zu treten. Was das nur gewesen war? Und dann die Truhe, deren Deckel nicht nachgab ... Er dachte auch an die merkwürdige Kälte, die in die Knochen drang, obwohl es ringsum heiß war. Jetzt entstand dort ein Park, und niemand würde mehr diese Kälte verspüren. Und der Verrückte ... Wie hatte der durch das dichte Gebüsch gehen können, ohne einen einzigen Zweig zu berühren?

Der Hauptmann Igor Koroljuk öffnete eine Schublade, holte ein leeres Blatt Papier heraus, nahm das Lineal und zeichnete eine Karte.

Aus dem Ukrainischen von Lydia Nagel

Rola, Bola, Futbola

Oder wie Fußball einmal beinahe in meinem Leben vorgekommen wäre

Irena Karpa

Rola, Bola und Futbola. So hießen unsere drei Ferkel, die groß werden und dann, nein, nicht den Weg zu einer großen Sportlerkarriere, sondern den zum Schlachthof einschlagen und zu Würsten, Schinken, Speck und Salami verarbeitet werden würden.

Ihnen solche lustigen Namen zu geben, wäre mir natürlich nie eingefallen. Und das nicht nur, weil mich mit ihnen eine gewisse Unsportlichkeit verbindet. Als ich in Jaremtsche in den Karpaten mal auf meinem Fahrrad der Marke Ajist an einem Kindergarten vorbeiradelte, rief mir so ein klapperdürrer kulturloser Rotzlöffel mit Eierkopf „Hruba zjonka!" nach, was im huzulischen Dialekt so viel heißt wie „Schweinchen auf dem Fahrrad". Weiß gar nicht, was daran komisch sein soll. Im Zirkus fahren die Bären sogar Rollschuh und jonglieren mit Eis.

Na ja, und dann gab's da noch den sowjetischen Fußballer Oleg Blochin. Bei allen Jungs, die ich kannte, hing er an der Wand, genauer gesagt ein Foto von ihm. Er war ein richtiger Superstar, fast so wie die Pugatschowa. Sogar eine Oleg-Blochin-Puppe gab's. Aus Plastik. Mit rötlicher Mähne, Fußballdress und einem Ball, der ein für alle Mal am Fußballschuh klebte.

So eine Puppe hatte auch Roman, der Nachbarsjunge. Man sah schon, dass sie was Besonderes war, denn mit der Oleg-Blochin-Puppe durften sogar Jungs spielen. Als ich einmal mit meinen Eltern bei Romans Eltern eingeladen war und die Erwachsenen gerade Sülze und Kartoffeln aßen, schnappte ich mir klammheimlich die Puppe und – nun, der Fußballspieler Blochin hat einen Nachnamen, der was mit Flöhen zu tun hat, und das musste doch einen Grund haben! Unauffällig fummelte ich in seiner roten Mähne herum. Irgendwo mussten sie doch stecken, die Flöhe?! Ich bin nicht fündig geworden. Ich stand vor einem unlösbaren Fußballgeheimnis …

Ach, Fußball war für mich überhaupt immer ein Geheimnis. Ich habe nie verstanden, warum so viele erwachsene Onkel einem einzigen schwarz-weißen Ball hinterher rennen. Und noch tausend Mal mehr Onkel auf den Tribünen und vor den Fernsehern ganz aus dem Häuschen sind, ihre Nerven mit Bier spülen und gesalzenen Fisch dazu essen. Sollte man doch jedem einen Ball geben, dachte ich mir. Selbst wenn's nur so einer war, wie ich ihn hatte, blau-rot. Der sah vielleicht nicht besonders toll aus, dafür sprang er garantiert höher als ihrer. Was hat man denn schon von einem Fußball? Der kann ja nur liegen und rollen.

Ich weiß gar nicht mehr, woher mein Ball eigentlich war. Ich hätte mir nie einen Ball gekauft, weil ich sparen wollte, so wie Mama oder Opa. Ich hätte mir höchstens eine deutsche Babypuppe gekauft, so ein Pausbäckchen mit Zuckerschnütchen. Aber bei uns gab es die nicht. Stattdessen lagen Bälle und blaue Gymnastikhosen in den Läden herum. Und Hanteln mit einem Gewicht von vier Kilo. (Unser Nachbar fuhr nach Polen, um sie dort an den Mann zu bringen. Wahrscheinlich wollten dort so viele Leute Sport treiben, dass die Hanteln nicht für alle reichten. Warum hat er eigentlich keine Bälle mitgenommen? Die wären doch leichter gewesen. Vielleicht hätten sie zu viel Platz weggenommen, und die Luft abzulassen, wäre auch schade gewesen. In dem riesigen Stadion in Warschau, wo der Basar stattfand und die Ukrainer Wäscheklammern, Seile, Skier und Sporthosen zum Verkauf hinschafften, war Fußball Vergangenheit.)

Es ist kein Geheimnis, dass Fußball nichts für Mädchen ist. Die sitzen besser bei den Büschen hinterm Haus und spielen mit Puppen. Die Glücklicheren von ihnen hatten solche Babypuppen mit duftendem Haar (die ihnen jemand mitgebracht hatte). Die sahen aus wie echte Babys, nur eben aus Plastik. Aber es gibt sie doch, die allmächtige Gerechtigkeit auf Erden: Wenn die mit den deutschen Püppchen zu sehr vor denen angaben, die nur sowjetische Plaste-Puppen mit aufgemalten Augen hatten (die Importpuppen hatten echte Augen!), fielen die Jungs wie die Tataren über sie her, drehten den Püppchen die Köpfe ab und spielten damit lachend Fußball. Die sowjetischen Puppenköpfe rollten nämlich nicht, die waren zu leicht. Die Mädchen jammerten lauthals und riefen ihre Omas. Die Omas lehnten sich aus den Fenstern des dritten, fünften und manchmal auch achten Stocks und schimpften die Jungs aus. Und keiner ahnte, dass jene siegreichen Kopfjäger kurz zuvor selbst von älteren Jungs mit Tritten in den Hintern vom Fußballplatz gejagt worden waren … Die unerbittliche Hierarchieleiter.

Doch Köpfe deutscher Babypuppen im Fußball sind noch harmlos. Hühnerköpfe sind viel schlimmer. Ein Fußballspiel mit Hühnerkopf habe ich mal in Georgien mit angeschaut, in einem Dorf, in dem lauter Aserbaidschaner wohnten. Eine Großmutter trat aus ihrem Haus, um mit anzuhören, wie ihr verwandtes Jungvolk uns Fremdlingen den Weg zum Kloster erklärte. Die Alte hielt ein riesiges schwarzes Huhn an der Gurgel. Das wollte sie uns einfach mal zeigen, sich ein bisschen brüsten. Wir grinsten und nickten. Bis zu diesem Moment hatten wir keinen weiteren Höhepunkt unserer ukrainisch-aserbaidschanischen Unterhaltung erwartet, als die fast hundertjährige Alte plötzlich das Huhn auf den Hackklotz legte und ihm den Kopf abhieb. Als Kind hatte ich schon gehört, dass ein Hühnerkörper auch ohne Kopf weiterläuft, aber jetzt sah ich es selbst. Die einheimische Kinderschar, wahrscheinlich die Enkel dieser „Urmutter", lachte einen Moment über den Jenseits-Lauf des Huhns und wandte sich dann dem richtigen Sport zu. Die Kinder kickten den Hühnerkopf in ein Tor aus einem löcherigen Korb und einem rostigen Eimer. Sport kennt keine Grenzen. Wie auch … wie auch die Liebe.

Und die unsterbliche Liebe, wann soll sie einem widerfahren, wenn nicht im Alter von zwölf oder dreizehn? … Er hieß Artem und hatte einen Colli namens Ratsch. Und ich hatte Dick. Artem war hübscher als ich und Ratsch schlauer als Dick. Artem spielte Basketball, und Ratsch verstand die menschliche Sprache. Ich sah zu, wie göttlich meine Freundin Julka Tennis spielte, und Dick verstand die Menschen so, wie er wollte. Julkas begnadetes Tennisspiel bestand hauptsächlich aus ihrem kurzen Röckchen und ihren langen Beinen. Ich weiß nicht, vielleicht hatte auch ich lange Beine, aber unter der gleichmäßigen Fettschicht und den eng gegürteten Jeans (wegen der Taille) sah man das nicht. Was Wunder also, dass sich Artem in Julka verliebte und nicht in mich. Es war logisch, aber deshalb nicht weniger ätzend. ‚Scheiß Sport!', dachte ich, unfähig einen Ball im Korb zu versenken oder ihn mit dem Schläger zu treffen. Auf dem Weg von der Schule – im Sommer verwandelte sich die Schule immer von einer Folterkammer in einen Spielplatz und Unterschlupf für verliebte Teenies – lief mir bereits vom Gedanken an Omas leckere Makkaroni mit Butter und Hackfleisch das Wasser im Munde zusammen, da kam mir plötzlich in den Sinn, wer noch blöder dastand als ich. Ein unansehnlicher, rötlicher, gebückter Junge mit Brille. Dem Aussehen nach ein typischer Streber, Einser in Mathe und Bio, Sechser im Sport. Solchen Typen erlauben die Eltern nie, sich einen Hund anzuschaffen, und andere Kinder wollen nur dann seine Freunde sein, wenn irgendwelche Tests in der Schule anstehen. Nie habe ich ihn ohne Brille gesehen. Auch jetzt trug er eine, und ein Buch und … einen Fußball unterm Arm. Außerdem hatte er noch eine Tüte, anscheinend mit einem Pausenbrot, aber das konnte ich nicht so genau sehen. Es war nur klar, dass er keine Ahnung hatte, was er mit all seinen Schätzen anfangen sollte.

Da schrie von einem Balkon über uns eine schrille Jungenstimme:

„Brillenschlange und sein Ball – voll der Unfall!"

Normales Geläster normaler Kids. Vom Balkon runterschreien, den anderen Wasserbomben auf den Kopf schmeißen und sich dann kichernd verstecken.

Die Brillenschlange, also Ljoscha, zeigte sich übrigens von dem Fußballgeläster unbeeindruckt, und er hatte auch nicht vor aufzustecken. Für ihn wie für mich war Fußball wie ein fünftes Rad am Wagen, wie ein Sattel für eine Kuh und wie ein Stoppschild für Hasen.

Jetzt lässt sich nicht mehr in Erfahrung bringen, was es eigentlich bei ihm mit dem Fußball auf sich hatte. Es muss was ziemlich Persönliches gewesen sein, jedenfalls hetzte Ljoscha allmorgendlich, während all die Schönen und Starken von unserem Hof noch schliefen, mit dem Ball über das zerfurchte Spielfeld, das für alle möglichen Sportarten da war, sich für Fußball aber am allerwenigsten eignete, denn wenn da überhaupt ein Grashalm spross, dann höchstens zwischen den Rissen im Asphalt, und außerdem lag immer Hundescheiße rum, so dass jeglicher Bodenkontakt unverzeihlich war.

Zur gleichen morgendlichen Stunde, wenn niemand außer den schon indirekt erwähnten, verschlafenen Hundebesitzern meine Schande sehen konnte, „lief" ich. Aber ich lief nicht einfach, machte also kein Spießerjogging (das Wort Jogging kannte ich damals noch gar nicht), sondern rannte, eingewickelt in eine Plastikfolie. Das hatte quasi einen Sauna-Effekt. Man rennt, schwitzt, das Fett strömt aus allen Poren, man zerschmilzt wie Speck in der Pfanne. Alles ganz einfach, Hauptsache, man hat ein Ziel vor Augen.

„Auweiauwei …", heulte allerdings meine Oma am Telefon meiner Mutter die Ohren voll. „Nimm sie wieder mit nach Hause oder schick sie weiß der Teufel wohin."

„Was?!" Meine Mutter wollte alles andere, als mich nach Hause zu holen, nachdem sie mich gerade aus dem 700 Kilometer weit entfernten Tscherkasy hergeschickt hatte.

„Weil sie, sie …". Meine Großmutter jammerte wieder los.

„Na, was denn?", drängelte meine Mutter.

„Die isst nix und rennt in Plastik rum!!!", rückte meine Oma schließlich mit der furchtbaren Wahrheit heraus.

Grabesstille, dann wurde ich zum Telefon zitiert, und um meiner futuristischen Aktion den Anschein eines Sinns zu geben, sagte ich meiner Mutter so was wie: „Ja, und ich spiel Tennis … weißt schon, Aerobic … Fußball!!!"

Und bevor meine Mutter den Kulturschock überwinden konnte – eher hätte sie sich noch vorstellen können, dass ich drei grauen Ratten *Die Internationale* beibringe –, legte ich eilends auf und rauschte raschelnd wie eine stolze Wurst in Plastikpelle nach draußen.

Bald war ich mit Ljoscha schweigend im Leiden vereint. So schweigend, dass wir tatsächlich während der gesamten Trainingszeit kaum drei Worte miteinander sprachen. Als ich einmal an seinem „Fußball" vorbei lief, hatte ich Lust, es auszuprobieren. Wieso auch nicht? So würde es wenigstens irgendeinen Sinn ergeben, mehr als dieses Gerenne ums Haus, wo du jeden Moment damit rechnen musst, eine Borschtsch-Bombe auf den Kopf zu bekommen. Außerdem spielten weder Artem noch Julka Fußball. Es war also eine gute Chance, es ihnen zu zeigen … und abnehmen konnte man dabei auch.

Ein stummes Nicken zur Begrüßung, zwei, drei Übungen zum Aufwärmen vor dem „Spiel", ein bedeutungsvolles Gelaufe und Getrippel mit dem Ball und sporadisches Gestolpere über den Ball. So bedeutungsvoll und so sporadisch, als hätten Ljoscha und ich schon damals gewusst, dass nur derjenige rechtzeitig ans Ziel kommt, der nicht hetzt, sondern seine Sache gelassen angeht. Und auch jetzt, nach so vielen Jahren, da er ein bedeutender Chirurg geworden ist und ich, außer dass ich damals tatsächlich abgenommen habe, heute Journalistin bin und sogar schon diese und jene Fernsehsendung moderiert habe, denken wir noch so manchmal darüber nach, wozu war der Fußball eigentlich …?

Aus dem Ukrainischen von Alexander Kratochvil

Die Fußballschuhe

Saschko Uschkalow

„Gehen wir doch hin", sagt Schora, „dort gibt's Tischfußball."

„Mann, ich hab morgen Unterricht, da muss ich um fünf raus."

„Zwei Weiber und Tischfußball", drängelt Schora.

„Fahr doch allein."

„Allein trau ich mich nicht", gesteht Schora und rückt seine Woody-Allen-Hornbrille zurecht, „am Ende vergewaltigen sie mich noch …"

Ich sehe Schora an: der letzte Computerfreak, aber echt, sieht auch so aus, als hätte ihn einer vergewaltigt. Ich sehe ihn an und … lenke ein. Schora schnappt sich kurzerhand Bombila in seinem alten Lada, und wir fahren zum Supermarkt. Bombila macht einen auf sentimental und belehrend. Zuerst erzählt er von seiner Tochter, die ihn vor die Tür gesetzt hat. Dann, dass er schon die dritte Nacht im Auto schläft. Schließlich erklärt er uns, wie man leben muss. Normal kannst du in diesem Land einfach nicht leben, Mann.

„Stehlen muss man", erklärt er mit Nachdruck. „Und ihr, junges Volk, wie haltet ihr's damit?"

„Yoh", brummt Schora, „einmal täglich."

„Schwätzer", sagt Bombila lächelnd.

Da hole ich mein Schweizermesser aus der Tasche, klappe es auf und sage ernst:

„Alter, genug gelallt, es reicht. Du machst jetzt schön einen auf Unfall und verlässt dein Fahrzeug."

Bombila dreht sich zu mir um und klimpert mit den Augen, die ausgeblichen sind wie ein alter Wandteppich, sieht aus wie eine Warnblinkanlage. Dann wirft er einen spöttischen Blick auf mein Springermesser, wiehert barbarisch und … fährt einem klapprigen, zerschrammten Trolleybus hinten rein. Wir sitzen eine Zeitlang schweigend, bis eine wütende Omi in einer grellgrünen Weste aus dem Bus gerannt kommt. In der einen Hand hat sie eine Brechstange, in der anderen ein Bündel kleiner Scheine, ihr Tagesverdienst. Das Bündel Scheine schwenkt sie wie eine Staatsflagge, und die Brechstange… Schora und ich verlassen den Lada und legen an die zwanzig Meter im Sprinttempo zurück. In der Zwischenzeit springt Bombila aus dem Wagen und startet seine verbissene Abwehr, mehr auf Position, denn für einen erfolgreichen Kampf fehlen ihm so an die vierzig Kilo. Schließlich erwischt ihn die Busfahrerin, packt ihn, reißt ihn vom Boden los und versucht ihn umzuwerfen. Bombila hält sie umklammert wie das Leben selbst, und so krachen beide auf die Straße. Die Busfahrerin lässt ihre schwerverdienten Scheine fallen, und die fliegen, vom Maiwind erfasst, nach allen Seiten davon wie ein Schwarm aufgeschreckter Jungfische. Natürlich landet die Busfahrerin oben und Bombila unten…

Den Rest des Weges legen wir zu Fuß zurück und sagen nichts. Das Gewissen nagt an mir wie ein Biber an einer jungen Birke. Schora nagt an seinen Fingernägeln. Dann sind wir endlich bei dem Haus, zu dem wir wollen. Wir steigen in den vierten Stock. Schora klingelt nervös. Es öffnet eine Dampfwalze mit Gipsarm. Mit grellem Lippenstift und einer Schora-Brille auf der Nase. Eine Freundin des Fettgebäcks und begeisterte Brockhaus-Leserin.

„Also", sagt Schora, „das ist Polja."

„Hallo, Polja", sage ich.

Polja gibt einen merkwürdigen Laut von sich, kommt erstaunlich leichtfüßig auf mich zu und springt mir an den Hals, wobei ihr Gipsarm an meinen Hinterkopf knallt. Sie hängt an mir dran und küsst mich auf die Wange, als wäre ich ihr Bruder, der gerade aus dem Krieg heimkehrt. Obwohl ich unter ihrem Gewicht zusammenbreche, macht Polja keine Anstalten, mich freizugeben. Und da hänge ich auf allen Vieren, starre Schora an und verfolge das Pochen in meinem Kopf. Völlig verpeilt, dieser Schora: Legt seine Programmierbefehle auf die Algorithmen des normalen Lebens, verliert das Interesse an uns und geht schon mal in die Wohnung. Die Pause wird bedrohlich. Ich spanne mich an wie ein Gewichtheber vor dem nächsten Stoß, richte mich mit einem Knacken im Rücken auf und reiße Polja vom Boden hoch.

„P-o-l-ja", presse ich hervor.

„Ja?", flüstert sie.

„Du bist cool …"

„Nicht wahr?", sie drückt mich noch fester an sich.

„Ja", keuche ich mit letzter Kraft, und wir fallen auf den Boden des Treppenabsatzes.

Ich oben, Polja unten …

Die Mädels machen uns im Tischfußball viermal nacheinander platt. Mit einem Riesenabstand. Wir geben eine dermaßen jämmerliche Figur ab, dass wir nicht mal an den FC Saljut in Belgorod rankommen. So beschissen spielen wir. Schora wiehert die ganze Zeit, jetzt legen wir vor, aber wir spielen einfach Scheiße. Und das obwohl Polja einen Gipsarm hat. Schluss, sagt Schora, jetzt reißen wir uns zusammen. Wir reißen uns zusammen und kacken noch dreimal ab.

„Na gut", sagt Schora, „lassen wir den Sport, jetzt spielen wir mal was Vernünftigeres."

Polina springt auf und stürzt ins Nachbarzimmer, gleich darauf kommt sie mit einem alten sowjetischen Scrabble zurück. Wir fangen an. Natürlich gewinnt Polja, als letztes legt sie das Wort „Pinda".

„Hör mal", sage ich zu ihr, „das Wort gibt es gar nicht."

„Was?", regt sie sich auf. „Das Wort ‚Pinda' hat's schon immer gegeben, gibt's und wird es geben."

Ihre Zunge verheddert sich, und sie wird immer spielbesessener.

„Polja", frage ich, „und was ist ‚Pinda'?"

„Moment", sagt sie, „ich zeig's dir gleich."

Mich schaudert's. Polja entschwindet in die Küche. Um eine „Pinda" zu holen? Vielleicht hat sie eine im Kühlschrank? Nein. Kurz darauf kommt sie mit einer riesigen Banane zurück. Die hält sie in der einen Hand und in der anderen einen offenen roten Lippenstift.

‚Pinda', denke ich. Polja springt zum Spiegel und setzt sich flink ein grellrotes Pünktchen zwischen die Brauen. Kurze Zeit scheint es, als wollte sich der Allmächtige meiner erbarmen und hätte einen Erzengel mit einem Maschinengewehr auf die Erde gesandt. Der jetzt auf den Baum vor dem Fenster steigt und die Jungfrau mit ihrer „Pinda" abknallt, im Auftrag des Herrn natürlich.

Polja fällt wirklich, aber anstatt mit ihrem letzten Atemzug eine pathetische Message auszustoßen, etwas wie „Nichts wie in den Himmel", schnurrt sie los:

„Oh", schnurrt sie, „mein Ehrenwertester und Gerechtester", und legt mir die Banane zu Füßen, als stünde sie an einem Heldengrab. Ich rühre mich nicht.

„Also", sagt sie und steht auf, „das war eine ‚Pinda'."

„Totaler Schwachsinn. Habt ihr hier Internet?"

„Ja", sagt sie, „in meinem Zimmer."

Ich trotte in ihr Zimmer, um zu googeln, was „Pinda" ist. ‚Wenn die Suchmaschine es nicht kennt', denke ich, ‚ist der Rückzug fällig'. Ich setze mich ans Notebook und tippe schnell „Pin…" ein. „Pinguine aus Madagaskar" und „Brillenpinguine", die Weltmeister im Tauchen, werden angezeigt. Diese Tiere können bis zu 130 Meter tief tauchen, steht dort, aber warum sie Brillenpinguine heißen, ist nicht erklärt. Ich tippe „Pinda" vollständig ein, das bringt mich auf den Lebens- und Schaffensweg des altgriechischen Dichters Pindar. Von „Pinda" keine Spur. Ich werde langsam unruhig. Ich mag Sachen nicht, die ich nicht erklären kann. Sie verfolgen mich.

Da kommt Ulja ins Zimmer, Poljas Freundin, das ganze Gegenteil. Ein vollbusiges Gegenteil, würde ich sagen. Sie sieht mehr als passabel aus, aber mit dem Verstand ist es nicht weit her.

„Ähm", hüstelt sie hinter meinem Rücken, obwohl ich sie schon lange im Spiegel gesehen habe.

„Hör mal", sage ich zu Ulja, „du weißt nicht zufällig, was ‚Pinda' ist?"

„Nee", höre ich ihre Antwort und sehe im Spiegel, wie Ulja sich auszieht.

„Willst du dich hinlegen?", frage ich verwirrt.

„Mmh", krächzt sie, zieht ihre Jeans aus und hüpft auf einem Bein.

„Dann schlaf gut", sage ich und kratze mich am Hinterkopf.

„Mit dir", sagt sie und hakt ihren BH auf.

Ich fahre mit dem Drehstuhl herum. Sie ist tatsächlich nackt – der Spiegel lügt nicht.

„Okay", nicke ich, als stünde ich vor der Klasse, „und jetzt mal ein bisschen ausführlicher."

„Wir haben alles besprochen, während du hier warst. Zuerst du mit mir und dann mit Polja. Schora zuerst mit Polja und dann mit mir." Sie sagt das so ruhig, als würde sie fragen, wie viel Stück Zucker sie mir in den Tee geben solle, dabei schlüpft sie unter die Decke auf dem ausgeklappten Sofa.

„Aha", sage ich und nicke, „und dann ich mit Schora und du mit Polja, oder wie?"

„Ich mit Polja?", sagt Ulja unter der Decke hervor. „Nein. Sie ist zwar meine beste Freundin, aber hässlich wie die Nacht. Nur sag ihr das bloß nicht ... Aber du mit Schora ... Das wäre doch witzig ..."

In diesem Moment fliegt die Tür auf, und Schora kommt in

Unterhosen hereingestürmt. Panisch und verstört. Er schließt die Tür ab, schaut sich nach allen Seiten um, hinkt gehetzt zum Sofa und schlüpft zu Ulja unter die Decke.

„Abgekackt, oder was?", frage ich.

„Mein Arm", krächzt er, „sie hat sich auf meinen Arm gelegt, und da hat es irgendwie geknackt …"

„Und", Ulja versteht nichts, „was hat das mit mir zu tun?"

„Ich liege auch ganz still", sagt Schora und beachtet Ulja gar nicht.

Es wird still. Ein Moment des Schweigens, würde ich sagen … Da klopft Polja an die Tür.

„Besetzt", antwortet Schora, als säßen wir in einer ICE-Toilette. Seine Stimme klingt metallisch, Panik schwingt mit.

Die Schritte entfernen sich im Korridor. Wir drei atmen erleichtert auf … Gott sei Dank, vielleicht macht sie sich Kaffee. Sie wird sich doch nicht gleich an der Deckenlampe aufhängen? … Welche Lampe würde sie schon aushalten? Die Lampen sind auch nicht mehr das, was sie mal waren … Ein, zwei Minuten später dringt ein Poltern durch die Tür. Es klingt, als käme ein Nashorn auf uns zugestampft. Dann knallt etwas mit voller Wucht gegen die Tür, es knirscht laut.

„Die Kommode", flüstert Schora und kommt unter der Decke hervor. „Wir müssen die Kommode vor die Tür schieben."

Wir heben die Kommode an – sie ist unerwartet leicht, leer wahrscheinlich – und schleppen sie zur Tür … inzwischen nimmt das Nashorn erneut Anlauf … Dieses Mal hält die Tür nicht stand … und eine wütende Polja mit einem Schlüpfergummi um den Hals stürzt herein. Am Gummi baumelt ein Stück Lampe … Die verrückte Dampfwalze schlägt uns mit voller Wucht die Kommode aus den Händen und stürzt damit zu Boden, klammert sich daran fest, als wäre sie das einzige, worauf sie hier im Zimmer scharf ist … Sie umarmt die naphtalingetränkten Leere der Kommode, wenn sich eine Leere denn umarmen lässt …

Manchmal scheint der Lebensanfang wie das Ende, als wärst du alt geboren, und als bliebe nichts als warten. Und selbst wenn irgendetwas ganz Außergewöhnliches passieren würde, wäre es ein derart greller Kontrast, dass es schiene, als hätte dich der Allerhöchste mit einem riesigen Schweißgerät geblendet, mit dem man ruckzuck den Boden eines Kahns zusammenflickt. Des Kahns, mit dem er durch die Himmel glitt, bei uns nach dem Rechten sah und die Seelen der im Tsunami umgekommenen Japaner von einer Wolke zur anderen überführte.

Der elfjährige Stas stand am frühen Morgen auf und lief als allererstes, klappernd vor Kälte, in das Zimmer des Studenten. Das war leer. Das Zimmer war versifft wie immer, aber der Student war nicht da. Stas freute sich insgeheim, dass seine Drohungen Wirkung zeigten, wollte aber noch die Küche prüfen. Dort war seine Freude dahin. Der Student schlief auf einem Stuhl, den Kopf auf den ebenso versifften Tisch gelehnt. Wo der Student auch auftauchte, er saute alles ein, das wusste Stas nur zu gut. Der Kleine drehte eine Runde durch die Wohnung wie ein Kätzchen in einem neuen Revier, in dem es nun den Rest seines Lebens verbringen würde. Seine Mutter war nicht da, wahrscheinlich war sie zur Arbeit abgedampft. Seine Mutter vermietete ein Zimmer an den Studenten. Vermieten war schön formuliert. Sie hielt ihn eher wie ein Haustier. Der Student zahlte nichts, konnte sich im Kühlschrank bedienen, dafür schlief er mit ihr. Sie war Putzfrau.

„Steh auf, du Sack!", brummt Stas und rüttelt den Studenten am Bein. Der hebt langsam den Kopf, schaut Stas aus trüben Augen an und krächzt:

„Verpiss dich, Zwerg."

„Ich schneid dir die Eier ab", sagt Stas.

„Nur zu", der Student hat nichts dagegen und taucht wieder in den Schlaf ab wie unter eine Eisdecke, „Hauptsache, du verziehst dich".

Stas sucht ein Messer. Findet es. Dreht es hin und her, legt es aber doch weg. Findet kurz darauf ein größeres. Tritt an den Studenten heran und bohrt ihm das Messer vorsichtig in die Leiste. Der Student reagiert nicht. Stas bohrt das Messer tiefer hinein. Keine Reaktion. Das hat sich Stas irgendwie anders vorgestellt, also nimmt er sich vor, dem Studenten die Eier ein anderes Mal abzuschneiden. Er lässt das Messer fallen und durchstöbert die Wohnung, die einer Müllkippe ähnelt. Seine Mutter hat eine merkwürdige Macke: Alles, was sie auf der Straße findet, schleppt sie in die Wohnung, eins nach dem anderen, immerzu, pausenlos ...

Ein paar Minuten später findet Stas im Wohnzimmer einen Feuerlöscher, schleift ihn in die Küche und stellt ihn direkt vor den Studenten hin. Prüft, dreht ihn auf die richtige Seite und läuft auf den Balkon, wo ein Haufen alter Zeitungen liegt. Nachdem er sich mit Zeitungen eingedeckt hat, geht er zurück in die Küche, zerknüllt das bleigetränkte Papier und wickelt den Studenten ein. Zufrieden betrachtet er das Ergebnis. Aber nur kurz. Dann holt er Streichhölzer und zündet sie an. Die Flammen steigen höher und höher. Der Student kommt langsam zu sich und hebt den Kopf.

„Was ist das denn, verdammt?", der Student klimpert entgeistert mit den Augen und sieht, wie sein T-Shirt Flammen fängt.

„Du brennst, Mann", sagt Stas unschuldig lächelnd.

Und dann geht es ganz anders weiter, als er es sich vorgestellt hat. Anstatt zu schreien, durch die Küche zu rennen und die Flammen abzuschütteln, hockt der Student da wie eine Vogelscheuche. Er sitzt da und will offensichtlich verbrennen. Da greift Stas zum Feuerlöscher, reißt den Ring ab und drückt auf den Hebel. Verflucht, der Feuerlöscher tut's nicht. So langsam wird's dem Studenten doch warm. Er springt auf und rast wie ein abgeschossenes Flugzeug ins Bad. Stas weiß, dass er jetzt am Arsch ist – keine Zeit zum Überlegen.

5.30 Uhr

„Morgen", sage ich.

„Morgen", sagt die Verkäuferin, beugt sich zu mir vor und versucht vergeblich, ihre Visage durchs Fenster zu schieben.

„Können Sie mir fünfzig wechseln", frage ich, „ich brauche einen Jeton."

„Kannst du lesen?"

„Ja" – ich nicke – „seit ich fünf bin."

„Na, dann lies!"

„Keine Kopien", lese ich und schweige.

„Ja", sagt sie schon sanfter, „und weiter?"

„Nichts weiter."

„Wie – nichts weiter?", sie will es nicht glauben, schließt das Fenster und kommt in die U-Bahn-Unterführung heraus. Eigentlich kommen zuerst ihre riesigen Titten und dann sie. Gründlich sucht sie das Schaufenster ab.

„Nur Verbrecher hierzulande, sogar die Aushänge lassen sie mitgehen", sagt sie und seufzt. „Also wirklich, was sie damit nur wollen ...", sagt sie, kriecht in ihren Kiosk zurück und schlägt krachend die Tür zu, um sich abzuschotten vor mir und den Verbrechern hierzulande.

„Und", frage ich, „was ist nun?"

„Alles Verbrecher", wiederholt sie. „Ich bin keine Wechselstube. Kauf was, dann bekommst du Wechselgeld."

„Gut", sage ich. „Was ist das billigste?"

„Würstchen sind herabgesetzt", antwortet die Tonne. „Die Pausenwürstchen."

„Dann ein Pausenwürstchen."

„Einzeln verkaufe ich die nicht."

„Wieso?"

„Weil sie herabgesetzt sind."

„Und drei?"

„Drei ja."

„Dann drei."

Sie schneidet mir drei Würstchen ab und gibt das Wechselgeld heraus. Ich nehme das Geld und gehe weg.

„Eh", ruft sie, „du hast deine Würstchen vergessen."

„Und wenn schon", sage ich, „ich brauche das Kleingeld."

„Eh", ruft sie wieder, „hol die Würstchen, du sollst die Würstchen holen, hab ich gesagt."

Ich kehre um und nehme die Würstchen. Ich gehe zur U-Bahn-Station, ziehe mir einen Jeton, krieche durchs Drehkreuz und schlendere weiter.

„Junger Mann, einen Moment."

Vor mir steht ein verschlafener Fähnrich.

„Ja, bitte."

„Ihren Ausweis."

„Wozu das?", wundere ich mich.

„Es läuft der Aktionsmonat gegen Drogensucht."

„Und?"

„Laut Statistik hat jeder zweite junge Mann Drogen oder Psychopharmaka bei sich."

Ich blicke mich um. Die Halle ist leer wie ein nächtlicher Friedhof …

„Gut", sage ich, „und wo ist der zweite?"

„Wer?" Der Fähnrich stutzt.

„Junger Mann …"

„Wie?" Der Ordnungshüter kommt langsam zu sich.

„Na, Sie haben doch gesagt, laut Statistik jeder zweite … Ist aber kein zweiter da."

Der Fähnrich lässt seinen Blick durch die Halle schweifen.

„Spiel dich nicht auf", zischt er und fügt lauter hinzu: „Deinen Ausweis, habe ich gesagt."

„Nein", rege ich mich auf, „ich bin Lehrer. Sehe ich aus wie ein Junkie, oder wie?"

„Lehrer?", fragt er ungläubig. „Du müsstest dich mal sehen. Mit deinen Würsten."

Ich senke den Blick und sehe, dass die Frühstückswürste wie zwei Chakas in meiner Linken baumeln. Mein Ausweis ist ein Problem.

„Halten Sie mal", sage ich und drücke dem Fähnrich meine Würste in die Hand.

Das will er zwar nicht, nimmt sie schließlich aber doch.

Dann hole ich aus meinem Rucksack, der mit Schülerheften vollgestopft ist, meinen angekohlten Ausweis hervor. Vor einem halben Jahr hat so eine durchgeknallte Schlampe versucht ihn abzufackeln. Ich nehme dem Fähnrich die Würste ab und reiche ihm dem Ausweis.

„Ist der im Panzer verbrannt?", fragt der Fähnrich gutmütig.

„In der Mikrowelle", brumme ich. „Eine Schnalle hätte ihn beinahe verbrannt."

„Hattest du 'ne andere?"

„Nein", sage ich ehrlich, „die war bekifft."

Kaum hatte ich das gesagt, begriff ich, dass ich es verrissen hatte ...

Zwanzig Minuten später kam ich mit meinen Würstchen und Heften aus der Kontrollbude. Und mit dem verbrannten Ausweis. Aber das Geld hatten sie mir abgenommen ... Alles Verbrecher hierzulande.

„Du hast einen guten Schuss, Kleiner", sagt der schwarze Vater zu seinem schwarzen Peter, der die Kugel über den Hof hinter dem Haus jagt, in der heißen Sonne von Uganda. „Du bist schon sechzehn, du gehst jetzt zum Studium nach Karkiw, so wie dein Bruder, und wirst Chirurg."

„Wie? Wohin?", fragt Peter.

„Nach Karkiw, das ist in der Ukraine."

„Und wo ist die, die Ukraine?", fragt Peter.

„Weit weg", antwortet sein Vater, „und dort ist es kalt."

Also bringt die Familie Peters Reisevorbereitungen in Gang. Der afrikanische Pastor lädt ein englisch-ukrainisches Wörterbuch aus dem Netz herunter, die Eltern besorgen die Dokumente, zahlen 15.000 grüne Scheinchen auf eine ukrainische Bank ein, beschaffen mit Ach und Krach eine warme Armeejacke, damit sich das Kindchen nicht seinen schwarzen Arsch abfriert. Der Pastor gibt Peter zwei Monate lang Ukrainischunterricht.

Zweiter Juni. Peter steigt in Borispil aus dem Flugzeug. 34 Grad. Peter trägt natürlich seine Armeejacke.

„Ist das hier wirklich die Ukraine?", fragt er an der Zollkontrolle.

„Klar, wieso?", will der gelangweilte glatte Zollbeamte wissen.

„Ich dachte", sagt Peter, „hier ist es kalt."

„Ist doch Sommer, Bimbo", murmelt der Zollbeamte gutmütig und stempelt den Pass.

„Danke", antwortet Peter.

Dann klappert er mit dem Bus nach Charkiw und wundert sich, dass der Pastor ihm „Karkiw" beigebracht hat, dabei hieß die Stadt doch eigentlich „Charkaff". Nachdem er in der grauen Großstadt angekommen ist und sich im Hotel „International" eingemietet hat, begibt er sich gleich am nächsten Tag zur medizinischen Hochschule, aber dort hat keiner etwas von seinem Bruder gehört.

Peter verlässt die Personalabteilung, setzt sich traurig auf das weiße Fensterbrett, sein Bruder, überlegt er, war schon immer dämlich, das hätte er sich denken können, wo er ihn doch damals mit nach Kampala genommen und dann dort vergessen hatte, ohne jede innere Regung. „Hey", ruft jemand neben ihm im vertrauten Suaheli, „was hängst du hier so rum?"

Er hört und sieht ein Mädchen von etwa zwanzig Jahren, aus Uganda, wie er.

„Also", sagt Peter, „ich suche meinen Bruder, der soll hier studieren, aber hier hat keiner was von ihm gehört."

„Verstehe", antwortet das Mädchen, „der ist hundert pro auf dem Barabaschowo. Das kannst du mir glauben. Wie hieß er noch mal?"

„Mukwanga. Und was ist Barabaschowo?"

„Wir fahren hin, ich zeig's dir. Da finden wir deinen Bruder … Sag mal, hast du eigentlich Geld?"

Tatsächlich findet Peter seinen Bruder. Für das Mädchen musste natürlich ein Paar Jeans rausspringen, aber was soll's, Hauptsache, der Bruder ist gefunden.

„Oh", sagt sein Bruder und rückt sich seinen Adidas-Anzug zurecht, „bist du also auch hier!"

„Und du, ich denke, du studierst Medizin?"

„Ja, ich hatte angefangen", antwortet sein Bruder, „aber die Ukraine ist teuer. Versuch mal, bei den Weißen hier eine Prüfung zu schaffen. Ich hab hingeschmissen."

„Und was machst du dann?"

„Ich hab ein Geschäft, Brüderchen. Ich handle mit Kleinkram, läuft aber nicht schlecht, wie du siehst. Ich kaufe bei den Gelben und verkaufe an die Weißen", wiehert er.

„Verstehe. Und warum hast du nicht mal geschrieben?"

„Ich sag's dir doch, hier ist alles teuer, auch die Post … Alles teuer hier."

„Okay", seufzt Peter. „Kann ich vielleicht bis zu den Prüfungen bei dir unterkommen?"

„Was für Prüfungen denn?", sein Bruder versteht gar nichts, „vergiss es. Hast du Geld?"

„Ja", sagt Peter und nickt.

„Wie viel?"

„Fünfzehn."

„Also", sagt sein Bruder, „ich verkaufe dir einen Container und eine Waggonladung Kleinkram. Der Waggon steht schon in Osnowa, das ist gleich um die Ecke. Muss nur noch entladen und hergebracht werden. Also mach dich locker. Und weil du mein Bruder bist, gebe ich dir noch zwei Vietnamesen dazu. Kostenlos. Sie sind deine Verkäufer."

„Wie – geben? Hältst du sie als Sklaven, oder was?"

„Nein. Sie wohnen in meinem Container, deshalb arbeiten sie für mich."

„Wie, die werden nicht bezahlt?"

„Nein. Alles ganz einfach. Ich sage ihnen: Die Trainingshosen kosten dreißig. Wie viel sie dann dafür nehmen, ist mir egal. Hauptsache, ich kriege meine 30, kapiert?"

‚Ist es nun besser', überlegt Peter, ‚eine Marktbude zu betreiben als Blinddärme zu operieren? Er wird mir schon nichts Falsches raten, fern von der Heimat.'

Dann fahren sie zur Bank und heben die ganze Knete, die Peters Eltern überwiesen haben, bar ab. Der Bruder nimmt die Kohle, tätigt einen Anruf, setzt Peter im McDonald's in der Beketowa ab und sagt, er solle ein Stündchen warten, er müsse was erledigen. Und dann, sagt er, holen wir deine Klamotten aus dem Hotel und gehen zu mir. Peter sitzt bis abends um zehn im McDonald's, aber sein Bruder kommt nicht. Am nächsten Tag fährt Peter auf den Barabaschowo-Markt, um ihn zu suchen, aber diejenigen, die seinen Bruder kennen, sagen, er sei nicht gekommen. Eine Woche später ist Peter klar, dass sein Bruder die Container verkauft hat und abgehauen ist. Nur die zwei Vietnamesen hat er zurückgelassen, die finden Peter, nennen ihn Chef und wollen wissen, wo zum Teufel der Container geblieben ist, denn sie hätten nun schon vier Tage lang auf der Müllhalde übernachtet.

Das Geld, das Peter bar dabei hat, geht zur Neige, also heuert er bei seinen ugandischen Landsleuten an, um das Land von unten aufzurollen. Er bekommt eine Packung Plastikrasierer und einen Sack Filzstifte. Die Vietnamesen wollen nicht für Peter arbeiten und erklären ihm gestikulierend, dass mit diesem Kram nicht viel zu holen sei, wo er doch nicht mal einen Schlafplatz für sie hätte. Sie verbeugen sich und sind im Gewirr von Barabaschowo verschwunden.

„Klingen-Schifte-Schifte-Klingen", phantasiert Peter jede Nacht im Schlaf auf seiner schmutzigen Liege, die er mit Berufsschülern in einer Dreizimmerwohnung irgendwo am Arsch der Welt gemietet hat.

Du hast 137 Hrywnia. Eigentlich sollten es 150 sein, aber deine Mutter konnte sich auf dem Nachhauseweg nicht zusammenreißen und hat zwei Flaschen Schyguliwske und eine Packung Tintenfischstreifen gekauft. Zu Hause hat sie dir die Kohle hingeschmissen, dich Wadenbeißer genannt und gesagt, du sollst morgen losgehen und dir Schuhe kaufen, denn schämen, schämen müsste man sich dafür, wie du rumläufst. Seine Mutter sprach komisch. Genauer gesagt sprach sie seit einem Jahr merkwürdig, seit sie sich an eine nicht geerdete Drehbank gelehnt und einen Stromschlag erlitten hatte. Was Ordentliches solle er sich kaufen, sagte sie, denn das, das Ordentliche würde er im Herbst und im Winter und im Frühjahr tragen müssen, etwas anderes würde gar nicht so lange halten. Seine Mutter wiederholte das zweimal und klappte schließlich unter dem Getöse irgendeiner Reality-Show ab. In ihren Träumen arbeitete sie wahrscheinlich als Reinemachefrau an einem Strand in Malibu und fand alle halbe Stunde eine Rolex im Sand, die ein Millionär verloren hatte.

Dann kam der nächste Tag. Der erste und dringlichste Punkt der Tagesordnung ist schon erledigt, du hast nämlich dem Studenten gezeigt, wer der Herr im Hause ist und das Schlachtfeld ohne nennenswerte Verluste verlassen. Anziehen musstest du dich allerdings im Fahrstuhl, bei gezogener Notbremse. Punkt zwei: ordentliche Schuhe kaufen, die bis zum nächsten Sommer halten, für 137 Hrywni. Dann Training bei Lok und nachmittags Schule.

Stas wird an der U-Bahn-Station Barabaschowa rausgeschoben, eingezwängt zwischen den karierten Taschen von Dörflern, erinnert er an ein Entenjunges, das auf einem schrecklichen Gewässer eingenickt ist und beim Aufwachen plötzlich merkt, dass sich eine Eisschicht aufs Wasser gelegt hat und seine Flügel festgefroren sind, nur dass das Eis irgendwie kariert ist und nach altem Bus und schmutzigem Körper stinkt. Stas wird nach oben geschoben, und plötzlich findet er sich im quirligen Strudel am ökonomischen Arsch von Charkiw wieder, wo Jahr für Jahr gut und gerne ein paar Milliarden grüne Scheinchen den Besitzer wechseln. Der Strudel schleift ihn zwanzig, dreißig Meter mit, bis er ihn schließlich vor einen Container wirft, wo er verschnaufen kann.

„Kumpel", tönt es im selben Moment neben ihm, „Rasierer, Kumpel."

Stas dreht sich um und sieht über sich ein Schwarz, schwärzer als das Quadrat von Malewitsch.

„Ich bin elf", sagt Stas wütend, „hast du dich mit elf rasiert?"

„Nein", antwortet der Neger. „Und Schifte, brauchst du vielleicht Schifte?"

„Ich brauche Schuhe, Fußballschuhe", sagt Stas.

„Oh", ruft der Neger, „ich weiß, wo's welche gibt, los, komm mit."

Und Stas, der selbst nicht weiß, warum, folgt ihm durch das Containerlabyrinth. Der Neger leiert unterdessen weiter sein „Klingen-Schifte-Klingen-Schifte", dann dreht er sich zu dem Jungen um und sagt:

„Peter, ich heiße Peter, ich kenne hier alles."

Fünf Minuten später steht er mit Stas vor einem Container.

„Hier", sagt er, „such dir was aus."

Stas blinzelt – der Container quillt über vor billigem chinesischem Schmuck.

„Eh", ruft er und zupft Peter an seinem ausgeleierten Jeanshemd mit einem Patrice-Evra-Aufdruck, „eh, Bimbo, wo hast du mich hingeschleppt?"

„Du wolltest doch Schmuck", sagt Peter verständnislos, „hier ist Schmuck, Ketten, blaue, weiße, große, kleine, ein Haufen Schmuck."

„Schuhe, Schuhe! Zum Fußball spielen!", sagt Stas wütend und spuckt ihm vor die Füße.

„Fuck", brummt Peter, „diese Sprache – Schuhe, Schmuck. Los, komm."

Und Peter schleppt ihn ans andere Ende. Unterwegs dreht er einem Mann ein Päckchen Rasierer an, der auf einem Handwagen eine Waschmaschine hinter sich herzerrt. Der Mann bezahlt, schmeißt die Rasierer in die Waschtrommel zu seinen anderen Einkäufen und geht weiter, fährt Lahmärschen über die Füße und reißt Frauen Laufmaschen in die Strümpfe. Die Flüche und Drohungen lassen ihn völlig kalt – jetzt fährt er nach Hause, schließt die Waschmaschine an, wäscht seine Klamotten, rasiert sich und ist ein neuer Mensch, ein Jübermjensch, verdammt.

Plötzlich gellt ganz in der Nähe der verzweifelte Schrei einer Frau. Vor Schreck geht Stas gleich in die Knie. Peter ist auch erschrocken, zumindest werden seine Augen riesig groß, groß wie Eiskugeln.

„Ein Dieb!", schreit die Frau so herzzerreißend, als ginge es um ihr Leben. „Mein Portemonnaie ist weg!"

Stas bemerkt einen Tumult. Einen Augenblick später springt ein Junge von etwa sieben Jahren in abgerissener Kleidung aus der Menge, auf Stas zu, zwinkert und drückt ihm ein großes rosa Lackportemonnaie in die Hand, das aussieht wie die Zunge eines unbekannten ausgestorbenen Tieres. Dann verschwindet er zwischen Leuten und Containern, als hätte es ihn gar nicht gegeben.

Peter blickt panisch hin und her.

„Steck es weg", flüstert er Stas zu, „steck es weg!"

„Nein", weigert sich Stas, „es ist gestohlen", und versucht, Peter das Portemonnaie zuzuschieben. Peter springt zur Seite, als wollte der ihn mit einer Motorsäge zu Hackfleisch verarbeiten.

„Steck es ein, Mensch. Sonst wirst du von den Bullen geschnappt. Wenn du es hierher wirfst, nehmen uns die Bullen mit."

In der Kinderzelle ist Stas schon einmal gewesen. Eine beknackte rothaarige Tussi mit Käppi hatte ihn damals vernommen: „Nun sag mir mal, warum du Mitja Semenow die Eier abreißen wolltest." Eigentlich wollte Stas niemandem irgendwas abreißen. Es war einfach passiert. Mitja Semenow, ein plumper zehnjähriger Trampel, rutschte auf seinem Arsch die neue Rutsche hinunter, die für Parlamentariergeld im Hof aufgestellt worden war. Stas war damals sieben, und er hätte die Rutsche auch gern getestet. Aber Mitja dachte gar nicht daran, ihn oder einen anderen der Zwerge rutschen zu lassen. Wahrscheinlich hatte Mitja schon genug vom Rutschen, aber die anderen ranzulassen, kam nicht in Frage, und er schaute sich an, wie die Knirpse nach der Rutsche schielten und vor Neugier vergingen. Da kroch Stas unter die Rutsche und stellte zu seiner größten Verwunderung fest, dass die neue Bahn ein kleines Loch hatte. Er nahm seinen Schlüssel, der ihm um den Hals hing, und steckte ihn hinein. Er konnte ihn aber nicht wieder herausziehen, der Schlüssel steckte fest. Abnehmen konnte er ihn auch nicht. Da kam auch schon wieder Mitja auf seinem Hintern angerutscht. Zur Polizei wollte Stas also auf keinen Fall, also hob er sein T-Shirt und steckte sich das Portemonnaie in die Hose.

„Was kosten die Stifte?", fragte er Peter.

„Wie?", Peter hatte es nicht geschnallt.

„Die Stifte, was die kosten?"

Die bestohlene Dame kam mit ein paar Wachleuten vom Markt auf Peter und Stas zugerannt.

„Die sechs, die anderen sieben", sagte Peter nervös.

„Malen die lange oder trocknen sie schnell aus?"

Die Verfolger rannten vorbei, mehr oder weniger jedenfalls … Die Frau hätte Stas fast mit ihrer karierten Tasche erschlagen, und einer der Wachleute stieß Peter auf den vollgerotzten Asphalt.

„Verdannt", seufzte der und blickte auf seinen ganzen Kram, der überall verstreut lag.

„Es heißt ‚verdammt'", korrigierte ihn Stas und half ihm, die Plastikrasierer einzusammeln.

„Solomacha", fragte die Mathe-Omi Stas, „was ist das?"

„Was meinen Sie, Veronika Modestiwna?"

„Hast du etwa die Stöckelschuhe von deiner Mutter an?"

Die Klasse kichert dämlich.

„Meine Mutter trägt keine Stöckelschuhe …", sagte Stas und maß die Klasse mit einem verächtlichen Blick.

„Ich auch nicht", parierte die Lehrerin, „aber womit klackerst du dann?"

„Mit meinen Fußballschuhen."

„Wie?", fragte die Lehrerin ungläubig.

„Fußballschuhe", rief Malwina, Siegerin und achtmalige Titelverteidigerin im Schul-Brainrun, „sind spezielle stollenbesetzte

Lederschuhe, die beim Fußball zum Einsatz kommen. Sie haben zwischen acht und 40 Stollen."

„Aha", sagte die Mathematiklehrerin und nickte. „Willst du dich hier wichtig machen, Solomacha, oder was?"

„Nein", seufzte Stas, „ich mag einfach Fußball."

„Ach so", entgegnete die Mathetante scharf, „und wenn dir Eishockey gefiele, kämst du auf Schlittschuhen in die Schule?"

Die Klasse kicherte dämlich. Veronika Modestiwna freute sich über ihren Lacher wie Petrosjan, der Schlagerkönig, nur dass bei ihr der Eintritt kostenlos war.

„Genau", sagte Malwina und nickte, „und bei Biathlon käme er auf Skiern und mit Gewehr."

„Unehrliche Ehrlichkeit", flüsterte Stas kaum hörbar.

Das mit der unehrlichen Ehrlichkeit hatte Stas von seinem Fußballtrainer gelernt. „Ihr könnt den Gegner von den Beinen holen. Ihr könnt ihm reingrätschen, aber dafür fliegt ihr vom Platz ... Und deswegen, Jungs, braucht ihr ‚die unehrliche Ehrlichkeit'. Habe ich mir selbst ausgedacht, diese ‚unehrliche Ehrlichkeit'. 1993 hatten wir ein Freundschaftsspiel gegen Metalist Charkiw. Und da bin ich durchmarschiert, durchmarschiert mit meiner ‚unehrlichen Ehrlichkeit'." Stas und die ganze Mannschaft schauten den Trainer an, als wäre die „unehrliche Ehrlichkeit" ein Körperteil. Aber nein, der Trainer sah ganz normal aus, wenn man mal davon absah, dass er Unsinn laberte. „Was habe ich also gemacht?", fragte der Trainer und gab im selben Moment die Antwort: „88. Minute. Wir haben eine Ecke. Vor mir steht der Verteidiger, ein 1,90-Meter-Mann ... Gegen den ist jeder Sprung zwecklos ... ihn am Trikot ziehen, in die Beine grätschen bringt's nicht, klar, für wen dann gepfiffen wird ... Also die Ecke. Der Ball kommt direkt zu mir, und vor mir steht dieser ... Verteidiger. Und wisst ihr, was ich gemacht habe?", fragte der Trainer wieder und antwortete schnell, als hätte er Angst, einer der ihm anvertrauten Rotznasen könnte ihm zuvorkommen: „Ich gehe ran und kneife ihn in den Arsch, ich kneife richtig zu, wie bei einer Frau.

Und wie er so dasteht und überlegt, was passiert ist, versenke ich den Ball im Dreiangel. Danach ist er zum Schiedsrichter gerannt, dieser Verteidiger, und hat ihm gesagt: ‚Genosse Schiedsrichter, jemand hat mich in den Arsch gekniffen, richtig schlimm, der da war's …' Und hat mit dem Finger auf mich gezeigt. Und der Schiedsrichter zu ihm: ‚Na, dann gefällst du ihm vielleicht …' Und wir haben gewonnen. Unehrliche Ehrlichkeit. Geht nicht in die Beine, Jungs …"

Und Stas traut sich.

„Malwina, was ist Mundfick?", fragte er ruhig, die Stimme des Geschichtslehrers imitierend.

„Mundfick", kam es von Malwina wie aus der Pistole geschossen, „ist ein Sammelbegriff für Oralverkehr, bei dem die Genitalien passiv erregt werden …"

Auf einmal brach sie ab, wurde rot wie ein Feuerlöscher und raste in Kometengeschwindigkeit aus der Klasse.

Malwina war übrigens die Tochter von Veronika Modestiwna.

Ich sitze am Lehrertisch. So was Ödes. Im Biologieraum halten wir unseren Literaturunterricht ab, genauer gesagt die vierte Stunde zum Thema „Lieder literarischen Ursprungs". Hinter mir steht so eine dämliche Palme, deren spitze Blätter mich in den Rücken stechen. Die walrossbreite Biologielehrerin steht wahrscheinlich auf Akkupunktur.

„Und jetzt", sage ich, „ist Gelegenheit, sich eine gute Note zu verdienen. Wer möchte etwas vorsingen?"

„Ich, ich, ich!", ruft Malwina und meldet sich, so dass ich am liebsten sagen würde: „Gutt, gutt, mein Mjädchen, sehrr gutt."

„Malwina, bitte", sage ich stattdessen.

Malwina steht auf und schmettert die ukrainische Nationalhymne, mit einer abscheulichen Stimme, völlig schief, so schrecklich, dass man sich für das Land schämen muss. Aber unterbrechen kann ich sie nicht, schließlich singt sie die Nationalhymne, hingebungsvoll und aus ganzer Seele.

In der Zeile „fallen unsere Feinde" geht die Tür auf, und auf der Schwelle steht Stas. Malwina verstummt für einen Augenblick und setzt dann noch einmal mit derselben Zeile ein, wobei sie Stas direkt in die Augen schaut, als wäre er der Feind unserer guten Ukraine. Genauer gesagt brüllt sie ihn an mit den Worten der Hymne. Stas setzt unterdessen eine wichtige Miene auf und legt seine Hand auf die Brust wie ein Nationalspieler. Aber was wird denn das für ein Spiel, nach dieser Hymne? Absagen müsste man … Die letzten Töne krächzt Malwina und verstummt schließlich. Stille.

„Darf ich reinkommen?", fragt Stas lustlos und klackert ohne die Antwort abzuwarten mit seinen Fußballschuhen ans Ende des Klassenraumes, zum Schrank, wo ein ausgestopfter Eichelhäher, ein Orang-Utan-Schädel und einige Schaugläser mit in Spiritus präparierten Magenwürmern stehen.

Aber er schafft es nicht bis auf seinen Platz, keuchend kommt die Direktorin in die Klasse gestürmt. Die Schüler stehen auf, ich auch. Die Palme sticht mir ihre Stacheln zwischen die Schulterblätter. Die Direktorin sieht aus, als wollte sie uns als Geiseln nehmen, sich verbarrikadieren, die Fenster mit Kinovorhängen verdunkeln und die Schule belagern, bis man ihr eine Zugfahrkarte nach Simferopol auf die Krim, tausend grüne Scheinchen und einen Eimer nicht quietschender Kreide bewilligt. Und einen Auftritt von Schlagerstar Leontjew verschafft, privat, nur für sie allein, live, natürlich, ohne Playback.

„Setzen!", bellt die Direktorin, „Solomacha, zeig deine Füße. Die Füße sollst du zeigen!" Sie läuft zu ihm.

Kommt näher. Schuldbewusst zeigt Stas seine Füße.

„Zieh aus", kreischt sie, „zieh sie sofort aus! Das Parkett ist drei Wochen alt! Gerade frisch verlegt, und was machst du? Wie? Was erlaubst du dir? Du sollst die Schuhe ausziehen, hab ich gesagt."

„Nein", flüstert Stas.

„Zieh-sie-aus!", heult die Direktorin und stampft mit dem Fuß auf.

Für den ausgestopften Eichelhäher ist das zu viel, er kracht ihr vor die Füße. Die Direktorin bemerkt ihn erst, als sie auf ihm herumtrampelt.

Der Student schläft in der Küche auf seinem Jura-Lehrbuch. Stas schläft einen unruhigen Fußballschlaf auf seinem zerschlissenen Klappbett. Seine Mutter kommt kurz nach eins nach Hause, denn sie arbeitet zusätzlich noch jeden Tag als Putzfrau im Café „Belaja Loschad". Für das Putzen bekommt sie 30 Hrywnia und Fassbier, wenn welches übrig ist. Behutsam betritt die Mutter Stas' Zimmer. So glaubt sie jedenfalls. Im Dunkeln ertastet sie Stas' Rucksack und schleppt ihn wie eine Beute in das schwach erleuchtete Wohnzimmer. Zuerst holt sie den zertretenen Vogel aus dem Rucksack hervor. Dreht ihn vor den Augen hin und her.

‚Eine Krähe?', denkt sie, ‚nein, sieht irgendwie anders aus ... Vielleicht ein Star? Oder ein Specht? Nein, nein ... ach, scheiß drauf, auf diesen Vogel. Aber eigentlich würde ich gern wissen, was für ein komischer Vogel das ist.'

Dann kommen zwei nagelneue Fußballschuhe zum Vorschein. Und schließlich das Hausaufgabenheft, in dem sich über zwei Seiten der laufenden Woche folgender Eintrag findet: „Ich setze Sie davon in Kenntnis, dass Ihr Sohn in Fußballschuhen zum Unterricht kommt und damit das neue Parkett in der Schule zerkratzt. Ich hoffe, es entspricht nicht der Wahrheit, wenn er behauptet, er hätte keine anderen Schuhe, die er anziehen könne, weil die Familie kein Geld hat. Außerdem hat Ihr Sohn eine Mitschülerin gefragt, was es bedeutet, wenn ... also ... wenn eine Frau mit ihrem Mund das ... Also, genauer will ich mich jetzt hier nicht auslassen. Kommen Sie bitte in meine Sprechstunde ... Außerdem setze ich Sie davon in Kenntnis, dass wegen Ihres Sohnes ein Exponat aus dem Biologieraum zu Schaden gekommen ist, und zwar ein ausgestopfter Eichelhäher. Reparieren Sie ihn umgehend und bringen Sie ihn zurück".

‚Ein Eichelhäher', denkt die Mutter und klappert mit den Zähnen, ‚ein Eichelhäher, verdammt'.

„Wann kaufst du dir einen Anzug?", fragt mich der Geschichtslehrer im Raucherzimmer.

„Iwanytsch", sage ich, „lass mich in Ruhe rauchen, ich rauche auf und dann gehe ich."

„Mann", regt er sich auf, „ich will doch nur dein Bestes, und du ..."

„Iwanytsch", sage ich, „dein Anzug ... Wozu trägst du ihn?"

„Wie – wozu?", fragt Iwanytsch. „Damit ich gut aussehe."

„Hmm", sage ich und nicke, „Iwanytsch, wann hat dir das letzte Mal jemand gesagt, dass du gut aussiehst?"

„Also", stutzt Iwanytsch, „also ... hier."

Ich kann sein ewiges „hier" nicht mehr hören, also verlasse ich das Raucherzimmer und schlendere durch das Stadion zur nächsten Haltestelle.

„Rotzer!", ruft mir Iwanytsch nach.

Am liebsten würde ich ihm seinen Anzug zerfetzen, aber dann fällt mir Stas auf, der am Labyrinth sitzt.

„Hi", sage ich, „schwänzt du?"

Neben Stas steht das zerfledderte Eichelhäher-Präparat, sein verbogener Schnabel ist ungeschickt mit Klebeband umwickelt.

„Nein", seufzt er, „ich wurde nicht reingelassen, weil ich Fußballschuhe anhabe."

„Komm", sage ich.

„Wohin?", will Stas wissen.

„Auf den Markt, wir kaufen dir Turnschuhe."

„Ich habe kein Geld", seufzt Stas.

„Ich kauf dir welche."

„Kann ich nicht zurückzahlen."

„Gibst du zurück, wenn du groß bist", sage ich, „und nimm den Eichelhäher mit."

„Eh", sagt Stas, „da drängelt sich eine Tusse zu uns durch."

„Wo?", frage ich und versuche in dem überfüllten U-Bahn-Wagen etwas zu erkennen.

„Dort drüben", sagt Stas und zeigt hin.

Ich schaue in die Richtung, in die er zeigt, und kapiere, dass es mich am Arsch hat.

„Mich hat's am Arsch", sage ich, „ich gebe dir jetzt Geld, du kaufst dir Turnschuhe, und den Rest nimmst du für mein Begräbnis. Kann ich mich auf dich verlassen?"

Die anderen Fahrgäste auseinanderschiebend, die eingegipste Kralle hoch über dem Kopf, kommt Polja auf uns zu.

„Oh", sagt Stas, „ich bin weg. Die ist so wütend." Und taucht in der Menge unter.

Da stehe ich nun mit dem verstümmelten Eichelhäher in der Hand. Polja hat sich wirklich bis zu mir durchgedrängelt, schaut kurz auf meinen Eichelhäher, holt tief Luft und will etwas ... Was sie wollte, habe ich nicht erfahren, denn schon im nächsten Moment blitzen in ihren Augen Streichhölzer auf und aus ihren Ohren steigt Rauch, als wäre es das normalste der Welt.

„Aaaaaaa", jault sie und kneift die Augen zu.

In dem Moment greift eine Hand nach meiner Hose und zieht mich Richtung Tür.

Die öffnet sich gerade, und Stas zieht mich hinaus auf den Bahnsteig. Die rote und wütende Polja kriecht uns nach.

„Den Eichelhäher", ruft Stas.

„Was ist damit?"

„Werfen Sie ihn!"

Wie beim Handball schmeiße ich den Eichelhäher auf Polja. Polja duckt sich weg, und der Eichelhäher knallt einem Mann an den Hinterkopf. Die Tür geht zu. Das war's.

„Was war das?", frage ich Stas am Ausgang.

„Ach", sagt er, „nicht so einfach zu erklären. Ist ein Trick. ‚Unehrliche Ehrlichkeit' heißt er."

Lange und skeptisch schaut sich die Mutter die Turnschuhe an.

„Woher hast du die?"

„Hat mir mein Ukrainischlehrer gekauft", antwortet Stas schuldbewusst. „Wir haben allerdings den Eichelhäher verloren."

„Was für einen Eichelhäher?", sagt die Mutter und bearbeitet ihn mit einem Handtuch. „Und wie sollen wir deinem Lehrer jetzt das Geld zurückgeben?"

„Er hat gesagt, ich soll es später zurückgeben, wenn ich groß bin."

„Phh", sagt die Mutter und schüttelt den Kopf, „das soll ich glauben?"

Dann geht sie zu dem Studenten ins Zimmer, und sie beratschlagen lange, aber egal wie's ausgeht, dass der Eichelhäher hin ist, weiß Stas genau ... genauso wie die Fußballschuhe, die seine Mutter morgen auf den Markt zurückbringen will ...

Der Samstagmorgen beginnt um zwei Uhr. Als erstes mache ich ein Zeichen an die Tapete, wie ein Soldat im Wehrdienst – wieder eine Woche in der Schule geschafft. Ich mache mir einen Kaffee und rauche am Fenster. Jemand klopft an meine Wohnungstür mit der abgerissenen Klingel.

„Wer ist da?", ich gehe hin und frage gelangweilt.

„Öffnen Sie, Polizei", kommt als Antwort.

„Nein", sage ich und denke für mich: ‚Polja, das ist Polja, die sich rächen will.'

„Öffnen Sie, öffnen Sie, sonst treten wir die Tür ein, verdammt, öffnen Sie im Guten."

Also öffne ich. *Zaz* jault aus dem Rekorder ihr *Padam*. Ich werde zu Boden geworfen. Der Kaffee ergießt sich in den Flur.

„Na", sagen die Bullen, „hast du dich verraten, du pädophiles Schwein?", und legen mir schwere kalte Ketten an.

Die Ketten sehen aus wie die Armbanduhren von Kommandeuren. Aber was soll ich mit zwei Uhren?

Aus dem Ukrainischen von Claudia Dathe

Die schöne Schlichtheit des Irrationalen

Natalka Sniadanko

Janusz Korczak beschreibt in seinem Tagebuch das Gespräch mit einem Zögling, der seinem Lehrer das Fußballspiel erklärt. Der verlegene Lehrer war über vierzig, als er zum ersten Mal mit Fußball in Berührung kam. Er nahm die unübersehbare Überlegenheit des Jungen wahr, der das Spiel las wie ein Musiker seine Partitur und der die Bewegungen wie Schachzüge erläuterte. Der Lehrer war seinen jungen Schülern dankbar, die ihn geduldig in alle Finessen einweihten.

In unserer sowjetischen Kindheit war Fußball eher eine marginale Erscheinung und gehörte nicht zu den vielbeachteten Disziplinen wie Weitwurf, Bocksprung, Seilklettern, Kurz- und Langstreckenlauf, in denen messbare Normen zu erfüllen waren. In der Turnhalle wurde bestenfalls Volley- oder Basketball gespielt, und selbst das galt eher als Belohnung für gutes Benehmen denn als „echter" Sport. Echt waren die Normen: Aufschläge machen, Körbe werfen. Echt waren die Zahlen: am schnellsten rennen, am weitesten werfen, die meisten Kniebeugen machen. Diese Messbarkeit war langweilig. Daran gab es nichts Spielerisches. Im Sportunterricht stand Fußball nur selten auf dem Programm, Fußball wurde überwiegend auf dem rissigen Asphalt zwischen den Wohnblocks gespielt und auch das nur, wenn dort keine Wäsche zum Trocknen hing.

In seinem berühmten Werk *Homo ludens* beschreibt Johan Huizinga das Spiel als Grundlage menschlicher Zivilisation, älter noch als die Kultur, denn auch Tiere spielen. Der Historiker spürt Spielelementen in allen Formen des menschlichen Handelns nach und nennt die wichtigsten Merkmale des Spiels. Jedes Spiel ist demnach eine freiwillige Handlung. Ein Spiel auf Befehl ist kein Spiel mehr, sondern im besten Falle dessen erzwungene Imitation.

Der Spielende verlässt das „wirkliche" Leben und betritt vorübergehend einen Bereich, in dem eigene Gesetze herrschen. Diese Gesetze sind sehr streng. Das Spiel hat eine perfekte innere Ordnung.

Ein Spiel muss man ernst nehmen, sonst hat man keinen Spaß daran.

Im Spiel geschieht etwas, das über die unmittelbaren Bedürfnisse des Lebens hinausgeht. Etwas Immaterielles ist ihm eigen. Ein Erwachsener muss nicht spielen. Wenn er spielt, so allein wegen der Freude am Spiel. Ein Spiel kann man verschieben oder jederzeit abbrechen. Es kann weder durch physische Notwendigkeit noch durch moralische Verpflichtung diktiert werden. Ein Spiel ist keine Aufgabe. Es findet in der Freizeit statt. Erst wenn dem Spiel eine allgemein anerkannte kulturelle Funktion, die Rolle eines Rituals oder einer Zeremonie zukommt, ist es mit Begriffen wie Verbindlichkeit und Verpflichtung verbunden.

Spaß und Vergnügen sind die bestimmenden Eigenschaften des Spiels.

Es muss wiederholbar sein und birgt zumeist ein Geheimnis.

In den wichtigsten Erscheinungsformen der menschlichen Zivilisation, und zwar in Politik und Wirtschaft, in religiösen Zeremonien und im Sport, lassen sich Spielelemente in Form von Ritualen oder Wettkämpfen wieder erkennen. Längst nicht alle Spiele werden mit einem Ball gespielt, doch gerade Ballspiele gehören zu den ältesten und populärsten in den verschiedenen Kulturen.

Auf dem amerikanischen Kontinent entdeckte man mehr als tausend prähistorische Fußballstadien. Sie wurden lange vor unserer Zeitrechnung errichtet. In den Gräbern alter Indianervölker fand man Bälle. Bei Ausgrabungen kamen auch Spielerfiguren zum Vorschein. Die Spiele waren offenbar ziemlich grausam. Nicht nur wegen der außergewöhnlich schweren Bälle – sie wogen bis zu 18 Kilogramm –, sondern auch wegen der strengen Regeln. War ein Spiel zu Ende, wurden oft Menschenopfer dargebracht, insbesondere in Form ritueller Morde an Spielern. Auch Regelverletzungen wurden mit dem Tod bestraft.

Die Beschreibung des römischen Spiels Harpastum erinnert ebenfalls stark an Fußball.

In der Kiewer Rus gab es Spiele, bei denen sich die Spieler in zwei Mannschaften aufteilten und in einer bestimmten Entfernung voneinander Aufstellung nahmen. Hinter jeder Mannschaft verliefen Markierungen, und die Mannschaften versuchten, den Ball mit den Füßen hinter die gegnerische Markierung zu bringen. Das bezeugen Handschriften und archäologische Funde, darunter auch Lederbälle, verschieden in Größe und Gewicht.

Im britischen Brauchtum finden sich seit jeher Volksfeste und Fußballvergnügungen. Zwei Mannschaften führten dabei einen erbitterten Kampf um den Ball. Zuweilen trat an die Stelle des Balls eine luftgefüllte Schweineblase oder der abgetrennte Kopf eines besiegten Feindes. Im England des 12. Jahrhunderts hatte das Spiel schon mehr oder weniger feste Regeln. Die Jungs spielten es auf der Straße, und vor der Fastenzeit fanden neben anderen Volksvergnügungen bereits organisierte „Matchs" statt. Im 14. Jahrhundert gab es erstmals königliche Dekrete, die den Fußball als eine nicht gottgefällige Belustigung verboten, die die Ruhe stört und Streit und Rauferei befördert. Wer das Verbot übertrat, landete im Kerker. Doch weder diese noch folgende Verbote konnten die jungen Leute davon überzeugen, dass es für sie deutlich gesünder wäre, sich der Kunst des Bogenschießens oder Speerwerfens zu widmen. Mit einem königlichen Erlass wurden Fußball und Golf gegen Ende des 15. Jahrhunderts strikt untersagt. Ein Verstoß gegen diesen Erlass galt fortan als Verbrechen. Der Popularität des Spiels tat das allerdings keinen Abbruch. In der Epoche Cromwells gelang es teilweise, die Fußball-Anhänger zu bändigen. Doch während der Restauration war das Spiel wieder so populär, dass auf den Straßen ganze Horden hinter dem Ball her rannten, selbst im Winter bei starkem Frost. Seither existiert der Fußball in England in zahlreichen regionalen Varianten. Die heutige Spielart bildete sich Mitte des 19. Jahrhunderts heraus.

Doch wenden wir uns wieder dem Ball und der sowjetischen Kindheit zu. Ballspiele hatten einen höheren Stellenwert als ähnliche Spiele ohne Ball, zum Beispiel war Tennis „cooler" als Badminton. Das verlieh dem Ball einen besonderen, etwas geheimnisvollen und natürlich höheren Status. Jedes Kind träumte von einem erstklassigen Fußball.

Trotz der Marginalisierung im Schulprogramm büßte der Fußball nichts von seiner Attraktivität ein, eher im Gegenteil. Beim Fußball durften – wie bei vielen anderen Ballspielen auch – nur diejenigen mitmachen, die sich gewissermaßen qualifiziert hatten, weil sie gut dribbeln konnten zum Beispiel. Und Frauenfußball kam natürlich überhaupt nicht in Frage. Die strenge sowjetische Geschlechtertrennung ließ Frauen hier höchstens als Zuschauerinnen zu. Bis heute wird immer wieder ernsthaft behauptet, Fußball sei kein Spiel für Frauen. Frauen würden sich einfach nicht dafür „interessieren". Wie sie sich angeblich auch nicht für Politik, Wirtschaft und andere wichtige Lebensbereiche interessieren. Frauen hätten nur Interesse an der Küche, wo sie sich ganz der Zubereitung leckerer und nahrhafter Speisen für ihre Liebsten, zum Beispiel für Fußballspieler, widmen könnten. Während die Männer im Fußball archetypische sexuelle Bedürfnisse befriedigen, denn Fußball wird ja nicht selten auch physisch interpretiert: Indem der Spieler den Ball ins Tor jagt, wirft er seinen Samen in einen fremden Schoß und streckt danach zum Siegeszeichen die Hand wie einen Phallus empor.

Erst jetzt gibt es vage Versuche, die frauenfeindlichen Fußball-Stereotype zu überwinden.

So erscheinen Übersetzungen von Kinder- und Jugendliteratur, in denen Mädchen- und nicht nur Jungsmannschaften Fußball spielen. In China und Japan ist der Frauenfußball so beliebt wie Männerfußball. Davon ist die Ukraine allerdings noch weit entfernt.

Wer nicht Fußball spielte, konnte den Ball höchstens mit den Händen oder Füßen an ein Trafohäuschens mit der klassischen, verblichenen Aufschrift „Hochspannung. Vorsicht! Lebensgefahr" schlagen. Darin lag eine besondere Anziehungskraft, ein Gefühl der Kontrolle über etwas Unkontrollierbares, die Lust, den Ball zu beherrschen, der doch ohnehin nicht zu beherrschen sein würde. Der Ball ist der Inbegriff für den chaotischen Charakter von Bewegung. Jeder Treffer ruft echte Freude hervor, weil einem bewusst ist, dass man nie lernen wird, willentlich ins Ziel zu treffen, und man bei jedem neuen Versuch wieder scheitern kann. Und dieses Verweilen an der Grenze zwischen Chaos und Ordnung ist viel interessanter, als es die vollständige Ballbeherrschung, die endgültige Zähmung des widerspenstigen Objektes je sein könnte. Auch mit einer meisterhaften Technik kann ein Fußballspieler das Chaos nur teilweise bezwingen. Es gibt keine endgültige, feste Form. Auch die besten Spieler mit einer fehlerfreien Technik können die urtümliche Freiheit des Balls nicht vollkommen bändigen, sonst würde das Spiel sterben. Jenseits des rationalen Willens der Spieler besteht immer ein Potential an Unvorhersehbarkeit, Zufälligkeit, launenhaftem Schicksal, Wunder.

Das Spiel mit dem Ball ist der menschliche Versuch, die Urgewalt, aber auch die elementare Freiheit des Seins zu zähmen. In diesem gleichzeitig rebellischen und sich nach Ordnung sehnenden Streben konzentriert sich die Universalität des Fußballs als

Metapher. Nicht zufällig imitiert der runde Ball mit seiner Form die Erdkugel, aber auch die größte Erfindung der Menschheit: das Rad. Diese Form ist ideal für freie Bewegung. Das Aufeinandertreffen von Ball und Erde ist bar jeglichen offensichtlichen Sinns, sie ist irrational, der Spieler verfolgt dabei kein anderes Ziel, als sich mit einem schönen Schuss, einem präzisen Pass, einem erzielten Tor Befriedigung zu verschaffen. Der Ball hat kein Gedächtnis. Im Gegensatz zum Rad benötigt er keinen Weg und hinterlässt im tiefen Sumpf keine Spuren. Er bewegt sich zu jedem beliebigen Ort und kommt an jedes beliebige Ziel. Seine Bewegung lässt sich nicht so einfach lenken wie die Bewegung des Rads.

Das Vergnügen am Ball ist ein Vergnügen am All. Der Mensch, der das Rad lenkt, bringt die Bewegung um ihre Unordnung, Zufälligkeit, Uneindeutigkeit. Macht sie vorhersehbar. Spiele haben schon lange vor der Zivilisation in der menschlichen Gesellschaft existiert und die zivilisatorische Bewegung und Entwicklung mitbestimmt.

In der ersten Szene von Günter Grass' Novelle *Katz und Maus* kommt ein Ballspiel vor, das bei vielen Völkern populär ist: das Spiel mit dem Schlagholz, auf Deutsch Schlagball, auf Russisch *lapta*. Die Spielregeln sind ziemlich einfach: Der Ball wird mit dem Schlagholz geschlagen, und die gegnerische Mannschaft muss ihn fangen. Die Mannschaft, die aufschlägt, spielt in der Schlag- oder auch Hofpartei, diejenige, die fängt, in der Feldpartei. Wenn der Ball nicht gefangen wurde, kehrt er in den Hof zurück, doch wenn ihn die Feldpartei fängt, wechseln die Mannschaften ihren Platz. Die Kunst des Spiels liegt nicht nur darin, den Ball möglichst hoch fliegen zu lassen, sondern auch darin, der gegnerischen Mannschaft das Fangen zu erschweren. Deshalb schlägt man ihn möglichst seitwärts an den Feld-Spielern vorbei. Die Position, aus der man aktiv schlägt, gilt als attraktiver; die passive Position der Fänger ist weniger interessant. Damit das Spiel nicht langweilig wird, wechseln die Mannschaften ständig ihre Plätze. Neben der einfachen gibt es auch eine erweiterte

Spielvariante, bei der ein Zusatzspieler dem Grundspieler, der den Aufschlag gibt, assistiert. Bei Grass wird nach ebendiesen Regeln gespielt, und der Lehrer kontrolliert, ob die Regeln eingehalten werden. Er pfeift nach jedem Schlag und erteilt die entsprechenden Kommandos: „Hof ist verloren!", wenn die Feldspieler den Ball fangen. Wenn sie ihn nicht fangen, dann rennt der, der den Ball geschlagen hat, zur Feldlinie und zurück, während die anderen versuchen, ihn zu treffen. Klappt das, ist der „Hof erobert!", und der Lehrer befiehlt den Mannschaften, den Platz zu wechseln: „Hof ins Feld! Feld in den Hof!"

In dieser ersten Szene hat der Protagonist starke Zahnschmerzen. Doch es gibt niemanden, der als Verteidiger für ihn eingewechselt werden kann, so muss er im Spiel bleiben und weitermachen. Das Spiel dauert schon zwei Stunden, doch bislang ist kein Sieg in Sicht.

„Im Stadion wurden oft und wechselseitig Handballtore geworfen. Mein Zahn wiederholte ein einziges Wort. Auf der Aschenbahn übten Hundertmeterläufer das Starten oder waren nervös. (…) Die Katze kam übend näher. Mahlkes Adamsapfel fiel auf, weil er groß war, immer in Bewegung und einen Schatten warf. Des Platzverwalters schwarze Katze spannte sich zwischen mir und Mahlke zum Sprung. Wir bildeten ein Dreieck. Mein Zahn schwieg, trat nicht mehr auf der Stelle: denn Mahlkes Adamsapfel wurde der Katze zur Maus. So jung war die Katze, so beweglich Mahlkes Artikel – jedenfalls sprang sie Mahlke an die Gurgel; oder einer von uns griff die Katze und setzte sie Mahlke an den Hals; oder ich, mit wie ohne Zahnschmerz, packte die Katze, zeigte ihr Mahlkes Maus: und Joachim Mahlke schrie, trug aber nur unbedeutende Kratzer davon."

In dieser Schlüsselszene konzentrieren sich die wichtigsten Bilder des Werks in einer assoziativen Reihe, die zudem zeigt, wie Zivilisationen funktionieren. Alle Elemente dieser Assoziationskette beinhalten die gegenseitige Jagd: Die Katze jagt den runden Adamsapfel wie einen Spielball oder ein Beutetier, die

Jungs spielen mit dem Stock, das heißt, auch sie jagen hinter einem Ball her, die Handballer im Stadion jagen den Ball nach anderen Regeln, die Läufer auf der Bahn wetteifern ebenfalls. Dazu liegt eine unbestimmte Angst in der Luft, ein Gefühl der Anspannung, konzentriert in der Erwartung, dass die Katze jeden Augenblick zum Sprung an Mahlkes Hals ansetzt, ein Gefühl der Rivalität, des Wettkampfs, ein Gefühl von ohnmächtigem Schmerz, das vom kranken Zahn herrührt, das bezwungen werden muss, denn trotz des Schmerzes muss das Spiel weitergehen: Das ist eine Metapher für das Spiel und für die Zivilisation überhaupt. Im Spiel wie im realen Leben gibt es keine Nebensächlichkeiten, alles ist jederzeit ernst, man muss weiterspielen, egal, ob etwas ablenkt, stört oder die Konzentration behindert. Ausreden können den Spielausgang nicht beeinflussen.

In jedem Bild der beschriebenen Szene verdichtet sich ein eigenes Spiel, ein gesondertes Ziel, eine besondere Anstrengung: Das Buch strotzt vor juveniler Erotik, sie entlädt sich nicht einfach in sportlichen Übungen und gegenseitiger Aggression, sondern wird zum Gesellschaftsspiel. Die erotische Spannung aus dem Spiel der Katze mit dem Adamsapfel wird plötzlich zur Metapher für politische Machtspiele, ein totalitäres Katz-und-Maus-Spiel, das in jeder Gesellschaft zwischen Machthabern und Untergebenen gespielt wird. Und genauso vage wie in der beschriebenen Szene ist die individuelle Verantwortung für das, was passiert ist. Im Grunde ist es nicht einmal wichtig, ob die Katze gesprungen ist oder ob jemand sie an Mahlkes Hals geworfen hat oder ob es sogar der Erzähler selbst war, wie es auch nicht mehr wichtig ist, was die Katze Mahlke zugefügt hat: Nach dem durchlebten Schock erlöst sein Schrei alle Anwesenden unweigerlich aus ihrer benommenen Erstarrung und aus dem monotonen, leidenschaftslosen Ballspiel in der Nachmittagshitze.

So fließt alles in einem zusammen: der Ball, das harmlose Schlagballspiel, der Zahnschmerz, die sportliche Anstrengung, Macht,

Wettkampf, der Versuch, vor der totalitären Realität zu fliehen und sich gegen sie aufzulehnen. Das Spiel mit dem Ball ist ein Spiel mit der Macht, der Versuch, sich dank eigenem Geschick und eigener Cleverness über diese Macht zu erheben. Jedes Spiel ist erotisch, jedes Spiel ist eine Machtverteilung zwischen Sieger und Verlierer, wobei auch ein Rollentausch möglich ist, genau wie bei den beiden Schlagballmannschaften. Der Ball symbolisiert den Übergang von Macht, Kraft, Gewandtheit und Status. Nicht zufällig kommt das Symbol in der Weltkultur so oft vor, denken wir zum Beispiel an Charlie Chaplins Film *Der große Diktator*, in dem der Diktator mit dem Erd-Ball spielt.

Wie jedes andere Spiel will auch der Fußball äußerst strenge Regeln aufstellen und in den Schiedsrichterentscheidungen nach Möglichkeit jeden Einzelfall berücksichtigen. Aber gleichzeitig ist es für den Fußball sehr wichtig, den Zufallsfaktor nicht zu verlieren. Genau deshalb ist Handspiel nicht erlaubt, denn die menschlichen Hände sind deutlich besser entwickelt als die Füße, sie sind geübter, ihre Würfe sind deutlich leichter zu lenken und vorherzusehen. Das Spiel mit dem Fuß ist intuitiver und bleibt stärker dem Zufall überlassen. Die Hand einzusetzen, ist nur dem Torhüter erlaubt, dessen Territorium vom Rest des Spielfelds deutlich abgegrenzt ist. Die technische Überlegenheit dieser oder jener Mannschaft garantiert im Fußball nicht den Sieg. Oft unterliegt die technisch bessere Mannschaft einem Gegner, der mehr Spontaneität, Energie, Druck und Mut zeigt. Rational lässt sich das nicht erklären. Wie man auch das Ergebnis im Voraus nicht kalkulieren kann. Genau das bewahrt den Fußball vor Monotonie und macht ihn so beliebt.

Der Fußball vereint die zwei wichtigsten Elemente jedes Spiels: Ritual und Wettkampf. Pingelige Detailverliebtheit bezüglich der Kleidung und äußeren Erscheinung, die strikte Beachtung aller Einzelheiten im Spielverlauf ritualisieren den Ablauf. Vielen Ritualen fehlen Wettbewerb, Kampf, oder der Versuch, in fremdes Territorium einzudringen und das eigene zu verteidigen. Diese

Elemente verleihen dem Fußballspiel seine besondere Spannung und machen ihn damit beliebt.

Das Golfspiel wurde vom Adel des 14. oder 18. Jahrhunderts verächtlich als Spiel für den Plebs behandelt, das keinem Vergleich mit dem Speerwerfen standhielt. Heute ist es zum Symbol der Elite avanciert. Der Fußball hat indes sein demokratisches Wesen nicht verloren, denn Fußball wird von Stars in elitären Vereinen ebenso gespielt wie von den Jungs auf der Straße.

Die Fußballrituale bergen viele Widersprüche. Nehmen wir nur den Handel der Vereine mit Spielern, der einerseits an den Sklavenhandel erinnert und andererseits einer Show ähnelt. In keiner anderen Sportart wird sportliche Begabung so dezidiert mit hohen Geldsummen vergolten.

Ein anderer mehrdeutiger Aspekt des Spiels ist die Vereinigung von Kollektivem und Individuellem. Fußball ist im Wesentlichen ein Mannschaftsspiel, die Möglichkeit zur individuellen Selbstdarstellung der Spieler ist hier viel begrenzter als in anderen Sportarten. Und doch sind Fußballer globale Megastars, in anderen Sportarten sind die Protagonisten nicht annähernd so populär. Und sie haben auch öfter Staralüren als andere Sportler: All diese gestylten Frisuren, die theatralischen Gesten auf dem Spielfeld, die als Fotografien augenblicklich um die ganze Welt gehen und zu visuellen Metaphern werden.

Fußball ist nicht nur der Kampf um den Sieg, sondern auch Show. Oft ist sie in diesem oder jenem Spiel viel wichtiger als die Anzahl der Tore. Nicht zufällig fanden Kampfspiele im Altertum zur Zeit des Karnevals statt und symbolisierten den uralten Rhythmus von Wandel und Erneuerung der Generationen. Die dem Fußball eigene Karnevalisierung existiert heute noch. So werden Ballkünstler vom Schlage eines Maradona besonders populär und bleiben über das Ende ihrer Karriere hinaus im Volk beliebt. Charakteristisch für den Karneval ist auch die Vereinigung von niedriger und hoher Kultur, die ebenfalls für den Fußball gilt: Er wird laienhaft auf der Straße und gleichzeitig professionell in hierarchisch organisierten Clubs und Ligen gespielt, in denen ein ständiger Kampf um einen besseren Platz in der Hierarchie tobt, einen Platz, der niemals von Dauer ist.

Oft wird Fußball als symbolische Nachahmung des Krieges betrachtet, als seine Sublimation, in der es darauf ankommt, den Gegner nicht zu töten, sondern im Spiel zu besiegen und solchermaßen den großen Sieg der Kultur und Zivilisation zu festigen, die ihre Aggressionen im Spiel auslebt.

Aber wie man dieses Spiel und seine einzelnen Elemente auch betrachtet, so kommt man früher oder später zu dem universalen Schluss, den der bedeutendste Spielforscher, Johan Huizinga, so wunderbar formuliert hat: Das Spiel ist irrational, denn wir spielen und sind uns dessen bewusst, folglich sind wir mehr als nur rationale Wesen.

Aus dem Ukrainischen von Jutta Lindekugel

Das ukrainische Brasilien

Olexandr Hawrosch

Transkarpatien ist eine einmalige Region in der Ukraine. Jenseits der Karpatengipfel grenzt dieser westlichste Oblast der Ukraine mit Polen, der Slowakei, Ungarn und Rumänien gleich an vier andere Staaten. In Rachiw an der Theiß befindet sich außerdem der geographische Mittelpunkt Europas – so steht es jedenfalls auf einer Gedenktafel, die die Habsburger im 19. Jahrhundert hier aufgestellt haben.

Die Region hat eine wechselvolle Geschichte: Bis 1918 war sie Teil des Königreichs Ungarn. In der Zwischenkriegszeit gehörte sie zur Tschechoslowakei, wurde aber zu Beginn des Zweiten Weltkriegs von Ungarn zurückerobert. 1945 kam sie zur Ukraine, die damals ein Teil der Sowjetunion war.

Diese geschichtlichen Kollisionen sind auch der Grund für die bunt gemischte nationale Landkarte: 80 Prozent der Einwohner sind Ukrainer, zwölf Prozent Ungarn, drei Prozent Rumänen. Die restlichen fünf Prozent bilden Russen, Roma, Slowaken, Deutsche, Juden und andere. Trotz der vielen Nationalitäten hat es in Transkarpatien keine bewaffneten Auseinandersetzungen gegeben. Ethnische Konflikte gibt es praktisch nicht.

Transkarpatien ist der bergigste Oblast der Ukraine, zwei Drittel seiner Fläche sind Gebirge. Aber der Oblast weist große Unterschiede in den natürlichen Bedingungen auf. Der Höhenunterschied zwischen der 2061 Meter hohen Howerla, dem höchsten Berg der Ukraine, und dem tiefsten Punkt nahe bei Uschgorod beträgt fast 2000 Meter.

Die Karpaten legen sich bogenförmig um das Land, so schützen sie es vor den kalten Winden aus dem Norden und öffnen es gleichzeitig für klimatische Einflüsse vom Atlantik. Die Winter in Transkarpatien sind daher bedeutend milder als in den benachbarten Oblasts Lwiw und Iwano-Frankiwsk. Die Region ist für ihre Weinberge bekannt, hier wachsen auch Aprikosen und Pfirsiche.

Auch im Fußball nimmt Transkarpatien eine Sonderstellung ein: In der Sowjetunion wurde dieser zweitkleinste Oblast der Ukraine mit seinen nur 1,25 Millionen Einwohnern das „ukrainische Brasilien" genannt, und das kam so:

Eines der ersten Sportzentren war das Gymnasium in Uschgorod. 1893 nahm der Sportlehrer István Medreckyj an einem landesweiten Sportlehrerseminar in Budapest teil, in dem man den Teilnehmern verschiedene Ballspiele, darunter Fußball, beibrachte. Aus Budapest brachte er den ersten Fußball mit nach Uschgorod. Seinen Schülern gefiel das neue Spiel. Sie legten einen Fußballplatz an, kauften sich Trikots und gründeten die erste Schülermannschaft.

Im August 1901 fand das erste offizielle Spiel statt. Die Fußballer des MKT Budapest, Teilnehmer der ersten ungarischen Fußballmeisterschaft, kamen nach Uschgorod. Zwar verlor die Heimmannschaft, aber das war der offizielle Startschuss für die Fußballmeisterschaften hierzulande. 1902 wurde der „Uschgoroder Fußballverein" gegründet, er existierte allerdings nicht lange.

Der Uschgoroder Turnverein wurde 1906 gegründet, er machte sich einen Namen in der Fußballgeschichte Transkarpatiens. 1914 gewannen die Uschgoroder die nord- und nordostungarische Regionalliga. Nachdem sie sich auch gegen den ungarischen Südmeister durchgesetzt hatten, stiegen sie in die zweite ungarische Liga auf. Leider machte der Erste Weltkrieg diesen ersten großen Erfolg zunichte.

Unter dem Namen „Podkarpatská Rus" wurde Transkarpatien in den Pariser Vorortverträgen 1919 als autonome Republik der neugegründeten Tschechoslowakei zugeschlagen. Zu dieser Zeit war der Fußball in den böhmischen Ländern bereits sehr populär. So war es auch nicht verwunderlich, dass die in Transkarpatien stationierten tschechischen Soldaten zur Verbreitung des Fußballs oder – wie es auf Tschechisch hieß – „Wühlballs" (kopaná) beitrugen. Mit dem Tschechoslowakischen Sportclub (CzSC), einem Armeesportverein, wurde 1920 in Uschgorod der erste slawische Verein gegründet.

Die Meisterschaften wurden damals nach Nationalitäten getrennt ausgetragen. Die slawischen Mannschaften spielten untereinander ihren Meister aus, deutsche und ungarische Mannschaften hatten ihre eigenen Meisterschaften.

Ein wichtiges Ereignis für den transkarpatischen Fußball war 1925 die Gründung des ersten ukrainischen Vereins, des SC Rus', was von dem damals zunehmenden nationalen Selbstbewusstsein der Ukrainer zeugt, aus dem das Bedürfnis erwuchs, auch im Sport eigene Strukturen aufzubauen. Sicher dienten hier die ungarischen und deutschen Mannschaften als Vorbild.

Das herausragende Jahr in seiner Vereinsgeschichte erlebte der SC Rus' 1936, als er zuerst die Ostslowakisch-Karpatische Meisterschaft gewann, durch einen Sieg über den Gewinner der Westslowakischen Liga Slowakeimeister wurde und so in das Relegationsspiel um den Aufstieg in die Erste Tschechoslowakische Liga gelangte. Es war bereits der zweite Versuch des Vereins, in die höchste Spielklasse aufzusteigen. 1933 hatte er sich noch dem Deutschen Fußballclub (DFC) Prag geschlagen geben müssen.

Diesmal trat Uschgorod gegen den SK Baťa Zlín an, dessen Sponsor der berühmte Schuhkönig gleichen Namens war. Jan Baťa kam höchstpersönlich nach Uschgorod, um seine Mannschaft anzufeuern. Aber Rus' gewann unter dem stürmischem Beifall von den Rängen mit 4:1 und stieg in die Erste Liga auf.

Die Spieler des SC Rus' waren Lehrer, die in ihrer Freizeit

Fußball spielten. Der berühmte Torwart Olexa Bokšay kam zum Beispiel zum Training und zu den Spielen mit dem Fahrrad aus dem Dorf Chudlowo angefahren und legte dabei jedes Mal 120 Kilometer zurück. Da die Mannschaft wegen der großen Entfernungen zu den Erstligaspielen fliegen musste, wurde sie in der Presse „die fliegenden Lehrer" genannt. Mit den großen tschechischen Klubs konnten die Amateure aber nicht mithalten und stiegen bald wieder ab.

1939 wurde Transkarpatien von Ungarn besetzt. Wie die Tschechoslowakei war auch Ungarn damals eine erfolgreiche Fußballnation. Die Tschechoslowakei wurde 1934 Vizeweltmeister in Italien, vier Jahre später belegte Ungarn bei der WM in Frankreich ebenfalls den zweiten Platz. Dieses Konkurrenzumfeld wirkte sich positiv auf die Entwicklung des Fußballs in Transkarpatien aus.

In den Kriegsjahren machte der älteste Verein in Uschgorod, der Uschgoroder Turnverein, von sich reden. In der Saison 1943/44 gewann er die Regionalmeisterschaft und stieg in die Erste Ungarische Fußballliga auf. Allerdings konnte er nur ein paar Spiele absolvieren, da die Front an die Grenzen heranrückte.

Am letzten Septembersonntag 1944 war in Uschgorod ein Spiel der laufenden Meisterschaft gegen die Mannschaft aus Újvidék (heute Novi Sad in Serbien) angesetzt. Ausgerechnet zu dieser Zeit flog die Rote Armee ihre ersten Luftangriffe auf Uschgorod. Eine Bombe fiel auf das Restaurant *Berceni* (heute die *Rote Rose*), in dem gerade die Gäste und die Schiedsrichter aßen. Etliche wurden schwer verletzt. Das Spiel wurde abgesagt. Der Krieg hatte die Saison beendet.

In der Geschichte Transkarpatiens brach nun eine neue Epoche an. 1945 wurde die Region an die anderen Gebiete der Ukraine angegliedert, wodurch sie nun zum „ukrainischen Brasilien" wurde.

Die Sowjetunion hatte während des Zweiten Weltkrieges große Verluste erlitten. Die Ukraine, die zweimal von der Front überrollt worden war, lag in Trümmern. Millionen Menschen waren tot, versehrt oder verschollen. Transkarpatien blieb dieses furchtbare Schicksal weitgehend erspart, da es während des Krieges ein Teil von Hitlers Satellitenstaat Ungarn gewesen war. Hier wurde noch 1944 Profifußball gespielt. Also waren alle Akteure noch am Leben, und die gesamte Fußballinfrastruktur war intakt geblieben.

Daher war es keine Überraschung, dass der Uschgoroder Verein Spartak, dessen Spieler aus verschiedenen Lokalmannschaften kamen, erster ukrainischer Meister wurde. Denn er hatte nicht nur Spieler und Spielpraxis, sondern auch ein ausgezeichnetes ungarisches und tschechoslowakisches Training.

Der ungarische Fußball zeichnete sich durch sein technisch hervorragendes Spiel aus, im tschechischen hingegen dominierten Kampf und Kraft. Die Spieler aus Transkarpatien konnten das eine mit dem anderen verbinden.

Im sowjetischen Fußball setzten die Trainer damals eher auf Fitness, der Gegner sollte „überrannt" werden. Die mit den verschiedenen Systemen vertrauten transkarpatischen Spieler wirkten in diesem Umfeld sehr frisch und unkonventionell. Nach 1946 wurden sie auch 1950 und 1953 Ukrainemeister und gewannen darüber hinaus 1950 auch den Landespokal. Transkarpatien war damals ein richtiges Fußball-Eldorado. Von 1947 bis 1960 spielten in den sowjetischen Erstligavereinen mehr als 100 Spieler aus Transkarpatien! Die Trainer unternahmen damals wahre Pilgerreisen nach Transkarpatien, um in den Dörfern und Kleinstädten nach talentierten Fußballern zu suchen.

Viele sowjetische Vereine fuhren im Frühjahr nach Transkarpatien ins Trainingslager, da es dort früh warm wurde. Bei den Testspielen mit den lokalen Mannschaften fanden geübte Traineraugen viele begabte Jugendliche, die gleich engagiert wurden.

Das war die Zeit, als der Ausdruck „ukrainisches Brasilien" aufkam: Hier trainierte man nicht, um Fußballer zu werden, sondern wurde als Fußballer geboren. Ungefähr ein Dutzend berühmter sowjetischer Nationalspieler kam aus Transkarpatien: József Szabó, Wasyl Turjantschyk, József Beca, Fedir Medwid, Stefan Reschko, Wassili Raz, Iwan Jaremtschuk, Wiktor Passulko und Iwan Hetsko. Transkarpatische Fußballer spielten auch für die Tschechoslowakei, Ungarn und für die Ukraine.

Dynamo Kiew war ein halbes Jahrhundert lang unvorstellbar ohne wenigstens einen transkarpatischen Spieler auf dem Platz. Sie gewannen den Europapokal der Pokalsieger (Reschko, Raz, Jaremtschuk), den UEFA Supercup (Reschko), wurden Olympiasieger (Beca) und EM-Zweiter (Raz, Jaremtschuk). In der Jugendmannschaft von Dynamo Kiew spielten 1953 neun Fußballer aus Transkarpatien.

Nach Stepan Selmenskyj, der selbst für Howerla Uschgorod in der Zweiten Sowjetischen Liga gespielt hat, haben die Oden an das „ukrainische Brasilien" der Region jedoch einen Bärendienst erwiesen. Sie verhinderten den Aufbau einer funktionierenden Fußballinfrastruktur. Während die anderen Oblasts eigene Fußballinternate für Nachwuchsspieler gründeten, verwies man hier darauf, dass Transkarpatien genügend Naturtalente hätte. Das reiche Potential der Nachkriegszeit war allerdings irgendwann erschöpft.

Der größte Erfolg von Howerla, der einzigen Profimannschaft des Oblasts – die Mannschaft hieß zuerst Spartak, dann Verchovyna und heißt heute Howerla-Zakarpattja – war 1972 der zweite Platz in der Ukrainischen Meisterschaft (zweite UdSSR-Liga).

Nach der Unabhängigkeit der Ukraine stieg Howerla ein paar Mal in die oberste ukrainische Liga auf, konnte sich dort aber nie festsetzen. Selmenskyj, der mit *Sport Time* die einzige Fußballzeitung der Region herausgibt, sieht den Grund darin, dass Zakarpattja keine volksverbundene Mannschaft mehr sei. Der Verein gehört heute Nestor Schufrytsch, einem ehemaligen Minister für Katastrophenschutz. Mittlerweile kommen von den 25 Spielern nur noch vier bis fünf aus Transkarpatien! Und das im *ukrainischen Brasilien*!

Dabei ist etwa ein Dutzend transkarpatische Fußballer in der obersten ukrainischen Liga unter Vertrag – bei Schachtar Donezk, Dynamo Kiew, Karpaty Lwiw, Tschornomorez Odessa und anderen Klubs. Aber zu Hause ist niemand auf sie aufmerksam geworden. Stepan Selmenskyj bleibt jedoch weiter optimistisch. Als ehemaliger Spieler, Manager und Erstligaschiedsrichter sieht er in den letzten Jahren positive Tendenzen, vor allem in der Breitenarbeit.

In einer neu gegründeten Kinder- und Jugendliga spielen 58 Mannschaften. Gut entwickelt hat sich die Bezirksliga, in der inzwischen viele Vereine mehr Zuschauer haben, als Zakarpattja in der zweiten Liga. Das hängt auch damit zusammen, dass die Lokalmannschaften inzwischen von begüterten und einflussreichen Leuten geführt werden. Die Stadien in der Region werden renoviert und sehen nicht schlechter aus als in den großen Städten.

Vielleicht bekommt die zweite ukrainische Liga bald einen weiteren transkarpatischen Klub oder zwei. Auf die Amateurmannschaften, die den echten transkarpatischen Fußballgeist repräsentieren, hofft Stepan Selmenskyj.

Leider schaffen viele Nachwuchsspieler nicht den Sprung aus der Jugendmannschaft in den Leistungsfußball. 90 Prozent finden einfach keinen Verein.

Auf Amateurebene gehört Transkarpatien zu den fünf fußballbegeistertsten Regionen der Ukraine. Selmenskyj spürt da noch das brasilianische Blut. Wenn man diese Entwicklung in die richtige Richtung lenkt, kann das Land hinter den Karpaten sicher bald wieder mit Szabós, Turjantschyks, Medwids, Reschkos und Razs aufwarten.

Aus dem Ukrainischen von Jakob Mischke

Kiew: mein persönlicher Reiseführer

Tanja Maljartschuk

Sieben Jahre habe ich in Kiew gelebt, dann bin ich geflohen und habe mir vorgenommen, nie wieder zurückzukehren. Ich mag Kiew nicht, und Kiew mag mich nicht. Wir haben uns einvernehmlich getrennt und vermissen uns nicht. Wir passen einfach nicht zusammen. Haben nichts voneinander. Kiew liebt Helden, aber ich bin keine Heldin. Kiew liebt Gladiatoren, die ihr Leben aufs Spiel setzen, um das hochgepeitschte Publikum zu unterhalten, es liebt Zyniker, Karrieristen und die, die Geld lieben. Ich bin anders. Ich liebe die Stille. Und Stille ist das einzige, was man in Kiew vergeblich sucht. Und vielleicht noch Polizisten, die Englisch können. Die gibt es in Kiew nämlich auch nicht.

Aber fehlende Zuneigung kann natürlich – und das wird der Text hoffentlich zeigen – mehr offenbaren als blindes Anhimmeln. Menschenhasser schreiben immer interessante Dinge. Obwohl ich gar kein Menschenhasser bin. In Kiew gibt es viele tolle Menschen, und ich vermisse sie sehr. Und viele andere Dinge auch. Diese Wehmut möchte ich aufspüren. Ich hoffe nur, dass niemand anders dabei wehmütig wird.

Meine Geschichte Kiews beginnt etwa im 18. Jahrhundert. Und vielleicht komme ich darauf noch zurück. Aber zuallererst beginnt Kiew hier und heute. Und die Tore zur Stadt sind die Bahnhöfe.

Die Tore

Auf dem Kiewer Hauptbahnhof treffen die Züge immer in aller Herrgottsfrühe ein. So bin auch ich eines Tages hier angekommen, gegen sechs Uhr morgens, es wurde gerade hell, und hinter den ewig dreckigen Fensterscheiben tauchten monstergleich die Hochhäuser aus dem Nebel auf. Ein grünes Glashochhaus ist das Verkehrsministerium, das Georgij Kyrpa, Verkehrsminister unter Kutschma, gebaut hat, um sich ein Denkmal zu setzen. Das Ministerium steht noch, während der frühere Minister es vorzog, in den Wirren der Orangenen Revolution seinem Leben ein Ende zu setzen. Was Sie aber nicht weiter beschäftigen muss. Wenn Sie den grünen Glaskasten sehen, heißt das, in der nächsten Minute fahren Sie in den Bahnhof ein. Sie sind angekommen. Hier geht es nicht mehr weiter. Zumindest in der Ukraine.

Abends fahren die Züge ab. Nach Osten, nach Westen, nach Süden. Überallhin. Hinter den schmutzigen Abteilfenstern verschwimmen die Lichter der großen Stadt, flackert dein Versagen. Hau doch ab in dein Provinzkaff, wenn du aufgegeben hast, Mann, sagen die Lichter. Am nächsten Morgen kommen die nächsten Gladiatoren, voller naivem Ehrgeiz.

An dieser Stelle muss ich das wichtigste Gebot der Stadt nennen: Alles außerhalb von Kiew ist Provinz. Die ganze Ukraine ist Provinz. Kiew ist die Hauptstadt. Jeder kennt das Gebot und befolgt es gewissenhafter als das *Du sollst nicht töten* oder *Du sollst nicht stehlen*.

In den letzten zwanzig Jahren sind Millionen Menschen nach Kiew gezogen. Die halbe Westukraine – die andere Hälfte hat sich im angrenzenden Europa Arbeit gesucht. Die halbe Ostukraine – die andere Hälfte hat sich entweder in Russland Arbeit gesucht oder durchwühlt noch immer todesmutig die Erde auf der Suche nach unrentabler Kohle. Alle sind hier. Deswegen ist Kiew eine Stadt von Provinzlern, die verzweifelt versuchen, Hauptstädter zu sein. Ich habe nur eine einzige Kiewer Bekannte, die hier geboren ist, sie verlässt das Haus nur noch im äußersten Notfall. Die meiste Zeit verbringt sie auf ihrem Balkon, bekämpft die Tauben und raucht. Sie sagt, sie gehe nicht in die Stadt, denn sie könne sie nicht mehr ertragen, so wie sie jetzt ist. Es tue ihr körperlich weh.

Sie sind indessen noch immer auf dem Bahnhof. Sie steigen aus dem Zug, zerren Ihren Rollkoffer über nicht für Rollkoffer errichtete Treppen, und als erstes sehen Sie: Leute, die etwas von Ihnen wollen. Von dieser Sorte gibt es in Kiew viele, daran müssen Sie sich gewöhnen. Dass alle etwas von Ihnen wollen. Kiew liebt Arschlöcher, leichtgläubige und nicht gerade helle Typen, denen das zweite Gebot entgangen ist. Das zweite Hauptstadtgebot lautet nämlich: Betrüge, oder du wirst betrogen. Auf dem Bahnhof nicht zu betrügen, ist eine große Sünde. Da sprechen Sie Taxifahrer an und wollen Sie für den höchstens doppelten, dreifachen oder zehnfachen Preis – in Abhängigkeit von der Einordnung, die Sie auf der Arschlochskala erzielen – ans Ende der Welt fahren, was mitunter auch wörtlich zu verstehen ist.

Andere – meist Frauen – wollen Ihnen gleich am Bahnhof eine Wohnung vermieten. Sie tragen Schilder um den Hals, auf denen „Wohnung" zu lesen ist. Falls Sie schlechte Augen haben, rufen die Frauen ununterbrochen ein- und dasselbe magische Wort: „Wohnung! Wohnung!", manchmal auch einfach nur „Zimmer".

Aber dieser Versuchung halten Sie tapfer stand und geben vor, ein Fünf-Sterne-Hotel gebucht zu haben (oder haben es tatsächlich) und warten nur, dass Ihre Limousine vorfährt. Und können dann andere Dinge in Augenschein nehmen. Den Bahnhofsturm mit seiner Uhr zum Beispiel. Oder den Bahnhofs-McDonald's, der übrigens zu den bestbesuchten überhaupt gehört. Oder die Bahnhofspenner, die es überall auf der Welt gibt, die hier in Kiew aber etwas Besonderes sind. Sie zeigen nicht alles, was sie wissen. Einmal trat zum Beispiel eine Pennerin in einem altmodischen Spitzenhäubchen (wo sie das wohl herhatte?) zu Leuten, die rauchten, und mahnte sie, Rauchen sei schädlich. Und zu mir sagte sie: „Mädel, lass das mit dem Rauchen, bald kommt das Paradies. Dann ist das ganze Jahr Sommer."

Und sie können ein ganzes Heer von schüchternen und verschreckten, ärmlich gekleideten Männern in den besten Jahren beobachten. Sie stehen dicht gedrängt am Eingang zur Metro. Das sind die Tagelöhner. Sie treffen mit den morgendlichen Vorstadtzügen aus dem verschlafenen Umland ein und warten, dass jemand kommt und ihnen für einen Tag Arbeit gibt. Und es kommt auf jeden Fall jemand. Und gibt ihnen Arbeit. Und zahlt ihnen vielleicht zwei, drei Euro. Abends fahren die Männer glücklich und betrunken in ihre Nester zurück, wo ihre Frauen und Kinder auf sie warten (oder auch nicht).

Kiew hat auch noch andere Bahnhöfe. Kleinere, wo nur Vorstadtzüge halten. Mit diesen Vorstadtzügen fahren im Sommer die ergrauten Rentnerinnen auf ihre Datschas oder kehren, braungebrannt von ihrer betörenden Arbeit unter freiem Himmel, mit Eimern voller Aprikosen oder Tomaten in die Stadt zurück.

Es gibt auch Busbahnhöfe. Einer, vielleicht der größte, ist der Moskowskyj. Daneben steht die wichtigste Bibliothek des Landes, die Wernadskyj-Bibliothek. Ein typischer Bau des sowjetischen Wissenschaftsmodernismus. Irgendwie ist sie ein Denkmal für alle ukrainischen Bibliotheken, für alle Dorf-, Stadt- und Bezirksbibliotheken, die hingebungsvoll die hundertbändige Lenin-Ausgabe und alle KPdSU-Parteitagsberichte aufbewahren.

Der Flughafen Borispil ist das Lufttor zur Stadt. Da ich große Flugangst habe, bin ich nur einige Male dort gewesen, kann Ihnen aber versichern, dass Sie dort keine Bäuerinnen in Strohhüten antreffen. Viele erinnern sich jedoch noch an die Zeit, als man mit einer Antonow in den Nachbarort flog, so als würde man den Bus nehmen.

Als ich das erste Mal geflogen bin – von Kiew nach Iwano-Frankiwsk – war es wirklich eine Antonow. Ich hatte keine Angst (obwohl das Miniflugzeug so wackelte, als wäre es aus Papier wie die Flugzeuge, mit denen wir früher in den Schulpausen gespielt haben). Jemand hatte mir gesagt, dass Antonow-Maschinen die sichersten der Welt seien, sicherer als die neueren Airbusse oder Boeings, weil sie segeln und selbst dann sicher landen können, wenn beide Motoren ausfallen.

Mein nächster Flug ging von Kiew nach Donezk. Ich flog zusammen mit dem bekannten ukrainischen Autor Andrej Kurkow. Ich zitterte vor Angst, Kurkow lachte mich mal aus, mal versuchte er mich zu beruhigen.

„Du brauchst keine Angst zu haben, glaub mir."

„Ich hab keine Angst", log ich und erzählte die Legende, an die ich meine ganze Hoffnung knüpfte. „Eine Antonow kann segeln und sicher landen, auch wenn die Motoren ausfallen."

„Das stimmt", sagte Kurkow, „aber die Piloten, die eine Maschine von Hand runterbringen können, gibt es nicht mehr."

Und dann fügte er scheinbar beiläufig hinzu:

„Mein Vater war Versuchsflieger im Antonow-Werk. Die meisten Kollegen meines Vaters sind allerdings verunglückt."

Seither bevorzuge ich den Landweg, obwohl laut Statistik auf den ukrainischen Straßen alle zwei Stunden ein Mensch tödlich verunglückt.

Underground

In Los Angeles, habe ich gehört, gibt es keine Fußwege und also auch keine Fußgänger. Jeder fährt dort mit dem Auto. Ich weiß nicht, ob das wirklich so ist, denn ich war noch nie in Los Angeles, um dorthin zu kommen, müsste ich ja den Atlantik überfliegen. Aber auch in Kiew ist es schwer, sich oberirdisch fortzubewegen.

Es gibt zwar Fußwege, aber auf ihnen kann man nicht laufen. Die Bürgersteige sind legal und illegal völlig zugeparkt. Kiew ist eine Stadt voller Autos. Autos, die nirgends Platz finden. Es wimmelt nur so von Autos, in den stillen alten Höfen, auf den Spielplätzen, auf den Bürgersteigen, auf den Köpfen, auf den Blumenrabatten und natürlich auf den Straßen. Im Berufsverkehr ist ganz Kiew gelähmt. Die glücklichen Kiewer Autofahrer stehen die Hälfte ihres glücklichen mobilen Lebens im Stau. Sie lernen zu meditieren und ihren Nächsten zu lieben, der auf der Paton-Brücke das Auto eines anderen Nächsten geküsst hat, weswegen nun alle in trauter Runde auf den Ordnungshüter warten, damit ein Protokoll aufgesetzt werden kann. Aber der Ordnungshüter ist nicht so schnell zur Stelle, weil er zur selben Zeit an irgendeinem anderen Ort meditiert, am Lwiwska ploschtscha zum Beispiel, in einem ebenso hoffnungslosen Stau.

Wenn Autos die Straßen verstopfen, flüchten die Kiewer in die Metro, in den tiefsten Kiewer Untergrund. Hier ist es kühl und immer windig. Tiefwind nenne ich diesen Luftzug. Hier begegnen sich tagtäglich Millionen von Menschen, die sich nicht mehr ins Gesicht blicken. Jemand liest ein Buch, ein anderer Zeitung, die meisten starren jedoch einfach auf die mit Werbung dicht beklebten Wagenwände und lesen still die Reklamebotschaften, bis ihr Gehirn vollkommen verkümmert ist.

Im Jahr 2000 bin ich zum ersten Mal zur Metro hinunter gefahren. Das war ein außerordentliches Vergnügen. Das erste Mal ist immer gruselig, besonders wenn man diesen einen Schritt machen und auf die Rolltreppe treten muss. Einmal habe ich eine asiatisch wirkende Ausländerin gesehen, die eine halbe Stunde lang den Zugang zur Rolltreppe blockierte, weil sie sich nicht überwinden konnte, diesen ersten Schritt zu machen. Hinter ihr hatte sich eine riesige Schlange gebildet, die Leute wurden nervös und schrieen sie an: „Bist du vom Mond gefallen? Ein Schritt und fertig!" Das Mädchen hätte vor Verzweiflung beinahe losgeheult, es hob sein Bein, zog es aber im letzten Moment immer wieder zurück. Die aufgebrachte Menge stieß das Mädchen schließlich gewaltsam auf die Rolltreppe, es war völlig aufgelöst.

Ich kann diese Angst verstehen. Sie hat nichts mit der Rolltreppe zu tun, denn Rolltreppen gibt es überall zuhauf, in Supermärkten, in Einkaufs- und Freizeitzentren, auf Flughäfen. Es ist die Angst vor der Tiefe der Kiewer U-Bahn, die dich ins Ungewisse führt, du weißt nicht, was dich am Ende der Reise erwartet.

Der Schacht der U-Bahn-Station *Arsenalna* ist 105 Meter tief, die Station gilt als die tiefste der Welt. Es heißt, sie sei über Geheimgänge mit dem Parlamentsgebäude verbunden, und wenn plötzliche der Atomkrieg beginnt und die ganze Welt umkommt, werden die ukrainischen Parlamentarier als einzige überleben. Im unterirdischen Labyrinth der Arsenalna-Station gibt es einen geheimen Raum, der Proviant für mehrere Jahre enthält. Diese Legende ist nicht ganz unglaubwürdig, vor allem wenn man bedenkt, dass die Metrostation während des Kalten Krieges errichtet worden ist.

Es gibt einige Dinge, die Sie wissen sollten, bevor Sie mit der Kiewer Metro fahren. In der Kiewer Metro gibt es keine Abfalleimer. Ein Terrorist könnte ja hier eine selbstgebastelte Bombe oder einen Molotow-Cocktail zünden wollen. Nach der Erfahrung von London und Moskau kann ich den fehlenden Abfalleimern sogar etwas abgewinnen.

Dann die Zugangssperre. Da sollten Sie aufpassen. Ein absurdes und menschenverachtendes System ist das, das ein absurder und menschenverachtender Staat konzipiert hat. So etwas finden Sie in keiner anderen europäischen U-Bahn. Eigentlich sollte eine Zugangssperre zuerst geschlossen sein, dann wirft der Fahrgast einen Jeton ein, und die Zugangssperre gibt den Weg frei. In der Kiewer U-Bahn ist es genau umgekehrt. Die Sperre ist geöffnet, der Fahrgast wirft einen Jeton ein, ein grünes Lämpchen leuchtet auf, und er geht hindurch. Wenn nun aber etwas Unvorhergesehenes passiert, was nicht so selten vorkommt, wenn etwa der Jeton beschädigt ist oder der Fahrgast nicht weiß, dass er warten muss, bis das grüne Lämpchen aufleuchtet, er vielleicht farbenblind ist, was auch gelegentlich passiert, und er seelenruhig durchgeht, macht es schnapp, und die Sperre klemmt ihn ein! Welcome to Ukraine!

Und dann darf man in der Metro nicht barfuß laufen. Dieser Punkt ist sogar in den Benutzerregeln der Kiewer Untergrundbahn aufgeführt. Warum das verboten ist, weiß ich nicht, obwohl ich es deswegen natürlich gerade gern einmal ausprobieren würde. Außerdem ist es verboten, betrunken mitzufahren, in der Metro Eis zu essen, Weihnachtsbäume zu transportieren und – Achtung! – auf den Bahnsteigen Motorrad zu fahren.

Trotzdem fahre ich gern Metro. In einer endlosen Menge kann man sich gut verstecken. Außerdem gefällt mir dieses lose Gemisch von Architektur und Ästhetik – der Stalinsche Empire und die Büsten der altrussischen Fürsten, der Hightech auf der neuen Charkiwer Linie und die Geister in der toten Station „Lwiwska brama", frühere Opernsängerinnen mit dicken Schichten von blauem Lidschatten singen in den Unterführungen italienische Opern, und daneben stehen nachlässige Kiewer, die einen Wurf Katzen „zu treuen Händen" abzugeben haben. Hier trifft man alle: Reiche, Arme, in Nerz oder schmutzstarrer Trainingsjacke, Junge, Alte, Stinkende, Wohlriechende. Die ganze Stadt sozusagen. Man spürt sie, wenn man abends über die Metro-Brücke vom rechten auf das linke Ufer fährt. Dann sieht man die Hügel der Stadt, das von Lichtern eingerahmte Höhlenkloster und die hundert Meter hohe Stahlskulptur der *Mutter Heimat*. Im Volksmund heißt sie „Weib" oder Wiktoria Petrowna, zu Ehren der Ehefrau des ehemaligen Generalsekretärs Leonid Breschnew. Auch den *Bogen der Völkerfreundschaft* sieht man gut. Er heißt auch Widerfreundschaft, denn mit der von ihm propagierten Freundschaft zwischen Russen und Ukrainern ist es nicht sehr weit her. Am linken Ufer des Dnipro leuchten die endlosen Schlafsilos der Stadt. Allein in Trojeschtschyna leben eine halbe Million Menschen. Der Kiewer Volksmund ist hier knallhart: Unser Schicksal ist schwer zu ertragen, es hat uns nach Trojeschtschyna verschlagen.

Die Hügel am Dnipro haben als einzige den wilden Bauboom der letzten Jahre relativ unbeschadet überstanden. Relativ, denn es passiert immer wieder, dass über Nacht alte Häuser am Fuße der Hügel abbrennen. Ein, zwei Jahre später stehen an dieser Stelle plötzlich widerliche Fünf-Sterne-Hotels, in denen vielleicht auch die VIP-Gäste der EM 2012 für ein paar Nächte absteigen.

Die Kiewer Hügel waren es, über die die Hexe aus Michail Bulgakows Roman *Der Meister und Margarita* geflogen sein soll. Bulgakow wusste, worüber er schreibt, denn er wurde in Kiew geboren und ist hier aufgewachsen, im Haus der Familie auf dem Andreashügel 13 befindet sich jetzt ein Museum, man erkennt es leicht an dem hinterlistig grinsenden Kater Begemot an der Fassade. Am Andreashügel, am Fuß der Hügel, wo den Legenden zufolge Kiew entstanden ist, tobte im 18. und 19. Jahrhundert das Nachtleben. Hier stand Bordell an Bordell. Die Priester der goldgrünen Andreaskirche auf dem Andreashügel forderten in Briefen vom Bürgermeister, die Bordelle zu schließen, da Lärm und Geschrei die Kirchenglocken übertönten. Heute hat sich die Verderbtheit an den Stadtrand verlagert. Die Hauptstadtnutten riskieren ihr Leben entlang der großen Ausfallstraßen. Dorthin gelangt man nur mit dem Auto. Ein Metroanschluss ist noch nicht gelegt.

Menschen und Hunde
Kiew ist eine Stadt von Glanz und Elend. Der Unterschied zwischen dem niedrigsten und dem höchsten Kiewer Lebensstandard ist riesig. Diese Parallelwelten haben es irgendwie

geschafft, sich nebeneinander einzurichten. Einmal habe ich als Journalistin einen kurzen Fernsehbeitrag über das Arbeiterviertel auf der Fischerinsel gedreht. Sie ist eigentlich keine Insel, sondern eine Halbinsel, die über zwei Brücken mit Kiew verbunden ist. Wegen Baufälligkeit ist eine von beiden bereits seit Jahren gesperrt. Früher einmal war die Fischerinsel ein wichtiges Industriegebiet, heute herrschen hier Verwahrlosung und Armut, wie ich sie noch nie zuvor gesehen habe. Die Bewohner, Werftarbeiter, heruntergekommene Alkoholiker, saßen auf Bänken vor ihren halbzerfallenen fünfgeschossigen Arbeiterwohnheimen und tranken ihr Morgenbier. Auf meine Frage, wovon sie sich ernährten, antwortete eine Frau freudig: Wir fahren auf den Markt, kaufen einen Schweinekopf, und dann kochen wir einen Monat lang daraus Brühe. Von dem Schweinekopf habe ich später geträumt. Ein kluger und pfiffiger Sechsjähriger rannte mir die ganze Zeit hinterher und wollte unbedingt seine kindliche Wahrheit in die Kamera sprechen. Und er sagte folgendes: „Ich mag die Reichen nicht, weil sie denken, dass sie besser sind als andere." Wenn sich die Proletarier in Kiew wieder erheben würden, dann nähme der Aufstand gewiss auf der Fischerinsel seinen Anfang.

Die Kiewer Armut fällt nicht sofort in den Blick, sie versteckt sich verschämt irgendwo in den Winkeln und Höfen. Stattdessen springt von überallher die Propaganda von Erfolg, Luxus und Reichtum ins Auge. Die ganze Reklame, all die Bigboards, Plakate, Tafeln und Slogans sind für diejenigen gemacht, die viel, die sehr viel Geld haben. Daher scheint es, als wäre Kiew eine Stadt der Millionäre. Ein Fitnessklub zum Beispiel wirbt mit dem Slogan „Wir arbeiten für die Auserwählten". Von diesen Auserwählten gibt es in Kiew anderthalb Prozent. Der ganze Rest gibt sich den Anschein, als sei er auserwählt. Der Rest ist die so genannte Kiewer Mittelklasse. Man nennt sie auch politisch etwas inkorrekt Büroplankton. Das sind die Leute, die von Montag bis Freitag in ihren Büros hinter dem Computer sitzen. In Anzug, Hemd und Krawatte. Die Frauen sind beschränkte Kunstblondinen. Die Männer Fitnessklubopfer. Die meisten hassen insgeheim ihr Leben und ihre Chefs und würden ihren Arbeitskollegen am liebsten den Hals umdrehen. Sie sprechen mehr schlecht als recht Englisch, haben Kurse in Neurolinguistischer Programmierung absolviert, fahren ein Auto, das meist noch nicht abbezahlt ist, und besitzen eine Rabattkarte für einen teuren Nachtklub. Freitagabend lassen sie die Masken und Krawatten fallen und überschwemmen die Pubs und finnischen Saunen. Sie treten zumeist in Rudeln auf, hecheln alle Bürointrigen durch, erzählen sich, wer mit wem geschlafen hat, lassen die Sau raus, tanzen und schütten literweise teuren Alkohol in sich hinein, um danach bis zum Montagmorgen ins Koma zu fallen. Und am Montag beginnt der biologische Kreislauf der Wasserfauna von vorn.

Die deutlichste Sprache spricht der Umgang der Kiewer mit Tieren. Niemand weiß, wie viele es sind, die durch die Straßen und Parks laufen, mehrere Tausend oder Hunderttausende herrenloser Hunde und Katzen, Stadtbewohner in der zweiten oder dritten Generation. Die Kiewer hassen und vergiften sie, manchmal schießen sie sogar mit Luftgewehren aus den Fenstern auf sie. Verrückte Hausmeister hingegen füttern sie. Hundefänger fangen einmal im halben Jahr gerade so viele, dass ihnen die Arbeit nicht ausgeht.

In Borodjanka, 50 Kilometer von Kiew entfernt, befindet sich das einzige staatliche Tierheim. Bis Ende der neunziger Jahre war das eine gewöhnliche Abdeckerei. Eine Kiewer Tierschützerin installierte heimlich eine Videokamera, und was die Kamera in drei Tagen aufnahm, hätte sogar den hartgesottensten Liebhaber von Hollywoodtrash in Angst und Schrecken versetzt. Das Video wurde veröffentlicht, und unter dem Druck der Öffentlichkeit wurde die Abdeckerei im Handumdrehen zu einem Tierheim. Seit dieser Zeit wendet man besondere Methoden an, um die Tiere umzubringen, die auf jeden Fall alle als *human* bezeichnet werden. Für diese *Humanität* werden umfangreiche Mittel bereitgestellt, die allerdings unterwegs in den Taschen der Humanisten versickern, und die Programme zur zahlenmäßigen Verringerung unserer vierbeinigen Genossen scheitern. Die herrenlosen Tiere streunen weiterhin herum, gehasst von den einen, gefüttert von den anderen. Sie sind überall, rotten sich zusammen zu halbwilden Rudeln in menschenleeren Einöden oder auf belebten Plätzen. Grotesk wirken die Hunderudel im Nobelviertel von Kiew, vor den teuren Boutiquen, in denen Strümpfe so viel kosten, wie ein Durchschnittsukrainer verdient, und ein Appartement nicht unter einer Million Dollar zu haben ist. Darin erinnert Kiew an ein mittelalterliches Spektakulum, in dem die Zuschauer gleichzeitig die Qualen der Sünder in den ersten Kreisen der Hölle und die Glückseligkeit der Gerechten im Paradies verfolgen können. Nur dass Sünder und Gerechte hier irgendwie die Plätze getauscht haben.

Friedhöfe

Ich kann nicht umhin, sie zu erwähnen, und das nicht nur, weil die Kiewer Friedhöfe das Gedächtnis der Stadt sind, ihre Erinnerung, halbvergessen, halbverwischt, und doch Erinnerung. Das ist jedoch nicht der einzige Grund. Aber alles der Reihe nach.

Vielleicht wollen Sie den Bajkowo-Friedhof aufsuchen, er ist der bedeutendste und größte unter den Kiewer Friedhöfen. Hier sind große Persönlichkeiten begraben, unter anderem Waleri Lobanowski, der Guru des ukrainischen Fußballs. Hier liegt auch Wasyl Stus, mein ukrainischer Lieblingsdichter. Und Lesja Ukrajinka, die Frau in der ukrainischen Literatur, die ich am meisten schätze. Und noch viele andere, die Beachtung verdienen. Auf dem Hügel am Bajkowo-Friedhof ragt das Kiewer Krematorium auf, der Anblick ist gewöhnungsbedürftig, hat aber etwas Faszinierendes, besonders wenn dichter Rauch aufsteigt. Weitere Friedhöfe sind der Berkowezker, der Lukjaniwsker, der Kureniwsker, der Lisowa-Friedhof und der Schuljawsker, auf dem Schtschekawyzkyj-Hügel und dem Zamkowyj-Hügel befinden sich alte und sehr kleine Friedhöfe, die sich höchstens wegen ihrer Atmosphäre lohnen. Und es gäbe nicht viel über sie zu erzählen, wenn da nicht ein Aber wäre. Die Kiewer Friedhöfe sind so ziemlich das letzte Terrain der Unterweltkultur der stürmischen neunziger Jahre. Hier beginnen und enden die Geschichten der großen Hauptstadtbosse, der so genannten „Autoritäten", der ukrainischen Taufväter.

Nach dem Zerfall der Sowjetunion waren es die Friedhöfe und das Bestattungswesen, in denen die illegalen Bosse zuerst Fuß fassten. Denn erstens ist der Tod für die einen eine Tragödie und für die anderen ein Geschäft. Der Tod bringt am einfachsten und schnellsten Geld. Alle großen Kiewer Bestattungsunternehmen von heute wurden zu Beginn der Neunziger von den Bossen der damaligen Straßenmafia gegründet. Zweitens nutzte die Unterwelt die Friedhöfe, um ihre Verbrechen zu vertuschen. Noch bis heute kennen viele Leute in Kiew den Ausdruck „Sandwich". Mit Essen hat er überhaupt nichts zu tun. Sandwich hieß ein Grab, in dem die Opfer von Auseinandersetzungen begraben wurden. Niemand hat gezählt, wie viele Menschen in solchen Gräbern liegen. Und sicher wird sie auch niemand zählen.

Neben dem Bestattungsgeschäft widmeten sich die Mafiabosse auch der Erpressung von Taxifahrern, Wechselstubenbetreibern und Nutten, Schmuggelaktionen, dem Metall- und Drogenhandel, dem Transfer von Nutten ins Ausland, insbesondere nach Polen und Ungarn, Auftragsmorden, Diebstählen und Schlägereien. Der stadtbekannte Mafiaboss Pryschtsch, *der Pickel*, gründete den größten Kiewer Markt, Trojeschtschyna, wo Gerüchten zufolge täglich 800.000 Dollar illegal umgesetzt werden. Auch die Namen der anderen Bosse sprechen eine deutliche Sprache: *Schädel, Fürst, Fisch, Ruder*. *Salocha* hieß ein weiterer. Die meisten von ihnen fanden Ende der Neunziger, Anfang 2000 ebenfalls ihren Platz auf dem Friedhof. Sie wurden zumeist einfach auf der Straße erschossen.

Eine Kiewer Freundin hat sich einmal mit Salocha getroffen. Sie arbeitete als Zeitungsjournalistin und erhielt von der Redaktion den Auftrag, ein Interview mit Salocha zu führen. Sie hatte etwas Angst, obwohl sie ansonsten resolut und sogar risikofreudig war. Salocha benahm sich während des Interviews wie ein echter Mafiaboss, sprach gesetzt und überlegt. Zum Abschied schenkte er meiner Freundin zweihundert Dollar, was zur damaligen Zeit eine Riesensumme war, und sagte: „Das ist für Ihre Kinder, kaufen Sie ihnen was Süßes." Nicht weil er sie bestechen wollte, sondern weil er sie nett fand. Meine Freundin erinnert sich bis heute mit einem gewissen Schaudern an Salocha und seine zweihundert Dollar und betont immer wieder, dass viele von ihnen, von diesen Autoritäten der Neunziger, Anstand hatten und sich an gewisse Regeln hielten. Was es im heutigen Kiew praktisch nicht mehr gibt.

Auch ich konnte mich davon überzeugen. Vor zwei Jahren begann in Kiew eine große Umverteilung des Bestattungsgeschäftes. Es brannten die Leichenhallen und die Autos der Bestattungshausbesitzer. Der Direktor eines Kiewer Friedhofs bekam eine Kugel in den Hinterkopf und wurde ins Krankenhaus eingeliefert. Was sich da abspielte, erinnerte sehr an den Anfang der Neunziger. Ich wurde von der Redaktion mit einer Recherche beauftragt und fand das Thema zu Anfang völlig lächerlich. Bis ich dann von ominösen Leuten angerufen wurde, die mir „erzählen wollten, wie es wirklich ist". Es kamen Typen in Sportwagen angefahren, die sagten, sie seien Kampfsporttrainer, und wollten mir unentgeltlich ihren Schutz anbieten. Damals verstand ich gar nicht, wozu ich diesen Schutz eigentlich brauchte.

Aus Gerüchten erfuhr ich, dass ein neuer Boss nach Kiew gekommen war, um das Bestattungsgeschäft unter seine Kontrolle zu bringen. Einmal habe ich ihn sogar gesehen, ganz flüchtig. Er sah aus wie ein Mafiaboss. Mantel mit Pelzkragen, um den Hals eine fette Goldkette, kurze Haare, Dreitagebart, Wolfsblick, riesiger schwarzer Jeep mit getönten Scheiben. Das muss er gewesen sein. Er nahm die alten Methoden wieder auf, kopierte die früheren, längst abgeknallten Autoritäten, also musste er auch entsprechend aussehen. Leider nahm ihn keiner ernst. Der neue Boss hatte für den bereits erwähnten *Fisch*, der 2005 ermordet worden war, als normaler Chauffeur gearbeitet. Der Direktor des Friedhofs, jener, der verletzt im Krankenhaus lag, sagte mir am Telefon: „Ich habe die echten Bosse gekannt, ich habe mit *Fisch* gearbeitet, und jetzt kommen diese Grünschnäbel und Schuhputzer und wollen, dass man sie ernst nimmt!" Einige Tage nach diesem Gespräch starb der Direktor.

Ich weiß nicht, ob es dieser selbsternannte Boss im Halbpelz geschafft hat, alles unter seine Kontrolle zu bringen. Ich habe meinen Auftrag mehr schlecht als recht erfüllt und mich dann anderen, vitaleren Themen der ukrainischen Gesellschaft zugewendet. Aber ich weiß ganz genau, dass die Geschichte sich immer wiederholt – zuerst als Tragödie, dann als Farce.

Das 18. Jahrhundert

Sieben Jahre lang habe ich neben der größten psychiatrischen Klinik in der Ukraine gewohnt. Sie heißt Pawlow-Klinik, obwohl sie im Kyrill-Kloster, in einem der ältesten Kiewer Klöster, errichtet wurde. Von dem Kloster steht nur noch die Kirche, weiß, mit grünen Barockkuppeln. Direkt daneben liegt Babyj Jar, die Schlucht, deren Namen man kennt, weil vor und während des Zweiten Weltkrieges hier hunderttausende Juden und ukrainische Nationalisten ermordet wurden. Erstere von den Nazis, letztere von den Mitarbeitern des NKWD.

Es sind dieselben Kiewer Hügel, nur von der anderen Seite. Es ist das Ende vom Podil-Viertel, der Anfang von Kureniwka.

Um die unangenehme Erinnerung an die eigenen und fremden Verbrechen zu überdecken, fasste die Sowjetregierung den Beschluss, Babyj Jar mit den Abfällen der örtlichen Ziegelfabriken aufzufüllen und einen Rückhaltedamm quer durch die Schlucht zu errichten. Im März 1961 brach der Damm. Eine vierzehn Meter hohe Schlammlawine überflutete die Wohnhäuser und wälzte sich über die heutige Frunse-Straße.

Mehr als tausend Menschen starben. Die Schlammmassen rissen Autos, Busse und Straßenbahnen mit, entwurzelten Bäume und Strommasten. Wohnhäuser wurden bis unters Dach überschwemmt. Die Flugzeuge aus Kiew-Borispil änderten ihre Flugroute, damit die Passagiere nicht zufällig die Folgen der schrecklichen Katastrophe entdeckten.

Ich habe gehört, dass von den Schlammmassen die Leichen der in Babyj Jar ermordeten Juden hochgespült wurden und Plünderer in Booten auf der Suche nach von den Nazis vergessenem Judengold durch den Schlamm fuhren.

Aber heute ist keine Spur mehr zu finden, die an die schreckliche Katastrophe von Kureniwka erinnern würde. Heute steht dort das Straßenbahndepot, das 1961 vollkommen zerstört wurde, und die grünen Kuppeln der Kyrill-Kirche ragen über den Hügel. Das ist Kiew. So ist die Stadt, kaltblütig und gleichgültig gegenüber ihren zufälligen Opfern.

1784 besuchte die russische Zarin Katherina II. das Kyrill-Kloster. Wie an so vielen anderen Klöster fand sie auch an diesem keinen Gefallen. Die Zarin befahl, das Kloster in eine Anstalt für psychisch Kranke umzuwandeln. Dieses Bild steht mir unmittelbar vor Augen. Wie die Kiewer Verrückten plötzlich aufjauchzen und sich auf die Klosterwände mit den alten Fresken stürzen wie bei sich zu Hause. Die Fresken wurden auf Befehl allerdings mit Kalk übertüncht. Damit die Kranken nicht nervös werden.

Zu Beginn des 20. Jahrhunderts brachte man die psychisch Kranken aus der Kirche weg und richtete darin ein Museum ein. Mit Müh und Not wurden die einzigartigen, fast tausend Jahre alten Fresken restauriert. Ein Fresko heißt „Der Engel, der den Himmel aufrollt". Zwischen der Kirche und der psychiatrischen Klinik steht jetzt ein Drahtzaun, in den die Patienten schon lange Löcher geschnitten haben, um allwöchentlich zum Gottesdienst in die Kirche zu gelangen. Ich kann sie verstehen. Sie betrachten die Kirche als ihr Eigentum.

Einmal, als ich die Kyrill-Kirche und meinen geliebten „Engel, der den Himmel aufrollt" besuchte, sah ich an der Eingangstür ein gedrucktes Schild „Sehr geehrte Gemeindemitglieder und Patienten der Klinik, bitte unterlassen Sie das Küssen der Wände". Das wiederum kann ich nicht verstehen. Warum darf man die Wände nicht küssen? Was passiert mit ihnen?

Aber so ist die Stadt. Sie lässt sich nicht küssen, sie will nicht geliebt werden. Vielleicht braucht sie auch gar keine Liebe. Sie sitzt mit meiner Freundin auf dem Balkon, raucht, bekämpft die Tauben und wartet, dass sich die Zeiten wieder ändern.

Aus dem Ukrainischen von Claudia Dathe

Die Ballade vom Abseits

Oksana Sabuschko

Vor den brüllenden Kehlen auf den glutheißen Rängen
Rauf und runter, vor und zurück
Springt über den flimmernden Rasen
Der sonnenverblichene Ball.
Dieser Stürmer, sein Schuss, eine göttliche Gnade:
Durchs Trikot ragen schweißglänzend Flügel!
Zwei Gegner am Mann, er zieht vorbei!
Läuft, als ginge er nackt unter Wölfe,
Als zöge er ackernd eine bleibende Furche!
Drei lässt er stehen. Ausgespielt.

Abseits, er merkt nicht,
dass er schon lange im Abseits steht.

Der nächste Schuss, gezielt ins Eck!
Wie Rosen regnete der tosende Beifall!
Er gab einen bissigen, wilden Takt vor,
Der die Mannschaft zum Wahnsinn trieb.
Er spielte, als wär's seine letzte Partie!
Schon sah man den Helden lorbeerumkränzt,
Der Schlussmann greift hinter sich –
Und wieder Abseits.

Er keucht. Er verflucht – zig Mal
Die Sonnenstachel, die seine Schläfen peinigen,
Die schwarzen Richter, den Geierrat,
Ihre Attacken, die ein Aashauch umweht.
Wo ist sie, die schwebende, schwankende Grenze,
Dieser Schritt ins Nichts, der die Seele zerfetzt?!
Er blickt sich um, erwartet den Pfiff,
Den lähmenden Peitschenhieb.
Titel, Rekorde? Fehlanzeige!
Er läuft vors Tor,
Blinzelt, zielt nicht, zieht sofort ab,
Und im Pfeifen reißt der Himmel den Rachen auf!

Das Gespött kriecht herbei, eine würgende Schlange,
Der Trainer ist außer sich,
So ein Ball, Gott noch mal,
Der muss doch rein, jetzt war es kein Abseits.

Aus dem Ukrainischen von Claudia Dathe

Ein letzter K.o.-Schlag

Artem Tschech

Wenn ihn jemand gefragt hätte, wer er eigentlich sei, hätte Walerij Semenowytsch Bruchanda kaum gewusst, was er sagen soll.

Bruchanda hatte keine Freunde. Bis auf den alten, von Krankheiten geplagten Opa Pascha vielleicht, der als Nachtwächter in einem Secondhandladen arbeitete. Zwei riesige kastenförmige Pavillons, die zu Sowjetzeiten als Gemüselager dienten, waren jetzt mit Bergen abgetragener Kleidung von wohlgenährten Westeuropäern vollgestopft. Opa Pascha war nicht nur der Wächter oder besser Wärter dieser Textilberge, er war ihr treuer Herr und Hüter. Die Lumpen fand er allerdings widerlich. Er hätte sie nie getragen und behauptete, sie kämen von Toten; seinem Freund Walerij Semenowytsch aber erlaubte er, sich ein paar passende Trainingshosen rauszusuchen.

Bruchanda schaute häufig bei den Pavillons vorbei. Er und der Opa konnten wie zwei buddhistische Weise die ganze Nacht hindurch auf den Baumwoll- oder Ledergipfeln sitzen und ununterbrochen reden, über die vergangenen Zeiten, über ihre Jugend und ferne Städte, über Samarkand, Wladiwostok oder Chişinău. Opa Pascha klagte immer wieder über seine Tochter und seinen Enkel, die er für Nieten hielt, weil ein eigentlich ganz passabler Mann, sein Schwiegersohn, sie vor ungefähr zehn Jahren für eine andere Familie verlassen hatte.

„Ljudka hat ihn weggejagt, die dumme Kuh", sagte Opa Pascha. „Und jetzt plagt sie sich ab, und Hryscha wächst ohne Vater auf, er benimmt sich wie ein Ex-Knacki, ist ein totaler Schlappschwanz und hat Skoliose, ein Reck kennt er höchstens aus dem Fernsehen."

Bruchanda teilte Opa Paschas Ansichten nicht. Er hielt Hryscha für einen ganz höflichen und freundlichen Jungen. Ein Schlappschwanz war er vielleicht, aber bestimmt kein Ex-Knacki.

Walerij Semenowytsch Bruchanda wohnte im zweiten Stock des zweiten Aufgangs. Er lebte leise vor sich hin, so leise, dass es den anderen Hausbewohnern manchmal so vorkam, als sei selbst die taubstumme und gelähmte Tante Rita aus dem ersten Aufgang lauter als er. Bruchanda trank allerdings. Das wussten alle, aber er trank anständig, also leise. Deshalb sagte auch keiner etwas. Nein, niemand konnte ihm was vorwerfen, keiner konnte sagen: Eh du, Bruchanda, also Walerij Semenowytsch, geht's nicht ein bisschen leiser? Oder: Ich kann das schon verstehen, Onkel Walera, aber ich habe ein kleines Kind, könnten Sie sich vielleicht etwas ruhiger verhalten?

Nein, so etwas kam nicht vor. Es hatte sich noch nie jemand beklagt. Wirklich nie.

Er stand jeden Tag gegen sieben auf, zog seine gestrickten Hausschuhe an und schlurfte in die Küche. Dort öffnete er die mit Maschinenöl geschmierte Schranktür, holte die Flasche und ein Glas raus, setzte sich auf den Eisenhocker, goss ein, trank und ging zurück ins Bett. So gegen zehn ging Walerij Bruchandas Leben richtig los. Dann ging er raus, drehte einige Runden um das Gemüselager, setzte sich im Hof unter eine alte Pappel und schaute auf das Gebäude, in dem er seine Kindheit verbracht hatte. Wenn er ein Stündchen so gesessen hatte, kehrte Walerij Semenowytsch nach Hause zurück, wo er wieder etwas trank und leise ein paar Lieder aus seiner stürmischen Jugend summte. So summte er bis zum Mittag, dann frühstückte er, trank wieder etwas und ging in die Stadt bummeln. Das machte er am liebsten. Gerade in der Zeit tauchte draußen allerlei Volk auf, dem Bruchanda lange und mit großem Vergnügen zusah. In Gedanken legte er dabei fest, was für ihn gut war und was schlecht, was seiner Aufmerksamkeit wert war und was nicht. Im Gegensatz zu vielen anderen Rentnern verspürte Walerij Semenowytsch kein Selbstmitleid. Er führte ein erfülltes Leben. Zumindest wollte er das glauben und glaubte es schließlich auch.

Nach seinem Spaziergang aß er zu Mittag und machte es sich auf dem Balkon bequem, in einer extra eingerichteten Ecke, wo er in Ruhe trinken und sich des Lebens freuen konnte. So saß er bis spät in die Nacht hinein und ging dann im Halbschlaf, mit dem Gefühl, einen vollwertigen Tag verlebt zu haben, ins Bett. Oder zur Nachtschicht von Opa Pascha, natürlich nur wenn der Dienst hatte.

Walerij Semenowytsch wusste nicht, was Schwermut und schon gar nicht, was eine Depression war. Er war ein ruhiger, vielleicht sogar trauriger Mensch. Obwohl, nein, traurig war er nicht! Eher einfach und gewöhnlich, er war ganz normal gealtert, weshalb ihm übertriebene Gefühlsäußerungen schwer verständlich, ja sogar fremd waren. Er freute sich wortlos, lächelte kaum merklich und weinte heimlich. Er grüßte auch schweigend, indem er einfach den Mund öffnete.

Seiner Umgebung war das eigentlich alles ganz recht. Im Unterschied zu Bruchanda gab es da ganz andere Nachbarn, die sich bei weitem nicht so zurückhaltend zeigten. Sein ruhiges Verhalten war mehr als willkommen.

Irgendwann vor langer Zeit, als das Leben gerade erst anzufangen schien, war Walerij Semenowytsch Sportler gewesen, Boxer, um genau zu sein. Er mochte das Boxen, weil man Strategie und Kampftaktik in der Praxis anwenden konnte, dadurch die Menschen besser verstand und sie sogar lieben lernen konnte. Bruchanda mied Kämpfe und heikle Situationen auf der Straße und verausgabte sich voll und ganz im Ring. Seit er vierzehn war, lief der kleine Walerka in den Keller des Nachbarhauses, wo der berühmte Tscheban die Jungen trainierte. Tscheban war eine Größe in der Stadt: ein unbesiegbarer Olympionike in den Vierzigern, ein begnadeter Trainer in den Fünfzigern. Tscheban liebte Kinder über alles, deshalb war er Kindertrainer – er brachte ihnen bei, wie Schmetterlinge und Bienen zu sein und sich nicht vor der Straße und vor echter Männerliebe zu fürchten. Tscheban nahm bei weitem nicht jeden auf, die Kandidaten standen um drei Häuserblocks Schlange. Die Jungs aus der ganzen Stadt träumten davon, bei Tscheban trainieren zu dürfen, sogar aus dem Kreis und den umliegenden Dörfern kamen welche, aber nur die ausdauerndsten, stärksten und talentiertesten wurden angenommen.

Walerka war einer von Tschebans achtzig Schützlingen. Gewissenhaft führte er alles aus, was der Trainer verlangte. Der strenge Tagesablauf und das ständige Trainieren machten aus Walera schließlich einen unbesiegbaren Boxer. Zuerst kamen die Wettkämpfe in der Stadt, dann die Gebietsspartakiaden, danach die Republikmeisterschaften und zum Schluss die Anerkennung in der ganzen Sowjetunion. Den Namen Walerij Bruchanda kannten selbst Leute, die sich sonst gar nicht für Sport interessierten, denn er, Walera der Unbesiegbare, hatte diesem nigerianischen Gorilla in der zweiten Runde alle Zähne samt Plomben ausgeschlagen und damit den Gürtel im Halbschwergewicht errungen …

Allerdings währten Ruhm und Anerkennung nicht ewig – mit der Zeit wurde der Champion immer seltener auf der Straße erkannt, sein Kulturprogramm bestand nicht mehr in Restaurants und Bars, sondern in Pelmeni- und Tschebureki-Buden, und als er endlich eine staatliche Rente bekam, zog der ehemalige Sportler zurück in die alte Wohnung, in der er geboren und aufgewachsen war und seine Karriere begonnen hatte. Niemand konnte sich mehr an die ruhmreiche Vergangenheit von Walerij Semenowytsch erinnern. Höchstens Opa Pascha, sein alter Freund, der sein ganzes Leben lang kaum aus seinem Viertel herausgekommen war.

In dem Keller, wo einst der Trainingsraum untergebracht war und die Jungen wie Schmetterlinge herumgeflattert waren und wie Bienen zugestochen hatten, standen jetzt Spielautomaten und es wurde Bier ausgeschenkt. Aus dem Gemüselager wurde ein Secondhand-Laden und aus Bruchandas Schule eine Sonderschule für Kinder mit Skoliose.

Jeden Abend, wenn er auf dem Balkon saß, sah der gealterte Bruchanda zu den Schulfenstern herüber, zu dem majestätischen Gebäude aus roten Backsteinen, und erinnerte sich an seine schöne Schulzeit, als er jeden Morgen in Turnhemd und Wollhose einige Kilometer um die Schule gerannt und dann glühend und erschöpft nach Hause zurückgekehrt war, um sich den wie er fand duftenden Morgenschweiß abzuwaschen. Auf dem Rückweg traf er seine verschlafenen Mitschüler, die gerade erst losgegangen waren. Sie achteten Bruchanda, freuten sich über seine Siege und halfen ihm sogar in Geschichte und Literatur, die Walera eher schwer fielen, nicht nur wegen der unendlich vielen Namen und Daten, sondern auch wegen solcher Begriffe wie Analyse und Abstraktion. In den Naturwissenschaften und in Sport war es damit leichter.

Jetzt war dort eine Sonderschule. Auf dem Fußballfeld machten die Kinder eine spezielle Gymnastik, aber Fußball hatte Bruchanda dort niemanden spielen sehen. Oder doch. Bis vor kurzem hatten dort die Jungs aus dem Viertel gebolzt, aber die Schulleitung hatte das ganze Gelände mit einem hohen Gitter eingezäunt und neben dem Feld eine Holzhütte aufgestellt, in der ein Wachmann saß. Zwar wurde der Zaun mehrmals niedergerissen, die Hütte auf den Kopf gestellt, der Wächter angepöbelt und sogar geschlagen, aber Fußball spielte dort trotzdem niemand mehr. Nur die Kinder … diese bedauernswerten Geschöpfe mit ihren kranken Rücken bewegten ihre kleinen krummen Knochen auf dem welken Gras des früheren Fußballfeldes.

Von Bruchandas Balkon aus war fast das ganze Viertel zu sehen, sogar die Fabrik, die Ammoniaksalpeter herstellte, und das

Unternehmen für chemische Reagenzien, das für eine erhöhte Krebsrate unter seinen Mitarbeitern bekannt war. Nach einer langen Pause in den Neunzigern stieg in den letzten Jahren aus den Betonschornsteinen der Fabriken wieder Rauch auf, und Bruchanda bekam Atembeschwerden und Gelenkschmerzen, die er nur mit langen Stadtspaziergängen und einigen Gläschen Wodka bekämpfen konnte.

„Du bist doch nun wirklich noch kein alter Sack. Du Sportler!", sagte Opa Pascha, der angewidert auf den Second-Hand-Hemden Platz genommen hatte.

Bruchanda sah seinen Freund an und schwieg.

„Ich habe einen Vorschlag. Ich könnte dich zum Trainer machen, wenn du willst", fuhr der Opa fort.

„Du?"

„Ich ... Naja, vielleicht nicht ich direkt. Hryscha sagt, dass sie einen Trainer brauchen."

„Einen Boxtrainer?"

„Wieso Boxtrainer? Einen Fußballtrainer natürlich."

„Aber ich bin Boxer."

„Du bist Sportler, ein Champion. Wer hat denn bitte schön einundsiebzig Banjo Ravalta plattgemacht?"

„Ich habe aber nicht Pele plattgemacht."

„Das ist deine Chance, Walerka! Eine Chance, wieder ein Mensch zu werden. Sonst hängst du bald nur noch an der Flasche."

„Fußball? Weißt du, wer Fußball spielt? Panzerfahrer und Brasilianer."

Diesen Kommentar von Bruchanda fasste Opa Pascha, der das letzte Mal vor der Kuba-Krise mit einem Fußball in Berührung gekommen war, als persönliche Beleidigung auf und sagte die nächsten zwanzig Minuten nichts mehr.

Walerij Semenowytsch hingegen ließ diese Zeit nicht ungenutzt verstreichen und dachte daran, wie er damals, als er in Brasilien war, Pele getroffen hatte. Allerdings konnte niemand bestätigen, dass dieses Treffen wirklich stattgefunden hatte. Gerade als die sowjetische Delegation ihre Gruppenfotos mit dem Fußballstar machte, tat sich Bruchanda in der Kantine von São Paulo an Krabben gütlich und kam deshalb nicht mit aufs Foto. Deshalb ist es auch nicht verwunderlich, dass Jahre zuvor, wenn Walerij Semenowytsch was getrunken hatte und in den Nachbarhof ging, um mit den Halbstarken der Gegend zu plaudern, er sich jedes Mal deren Beleidigungen anhören musste, denn sie glaubten dem saufenden Onkel Walera nicht, der Pele getroffen haben wollte und immer wieder das Foto der sowjetischen Delegation herumzeigte, in dessen Mitte ein Schwarzer stand, der Pele nur sehr bedingt ähnlich sah.

„Und wo bist du da, Onkel Walera?"

„Ich war Krabben essen, bin aber dann dazugekommen."

Nach diesem Satz grölten und wieherten die Jugendlichen los und fluchten lautstark. Walerij Semenowytsch wurde rot, bestand aber nicht auf seinem Satz – sie würden ihm sowieso nicht glauben –, drehte sich um und ging weg. Dabei dachte er irgendwie immer an die rosa-braunen Hände von Pele, die irgendwas zerknittertes Weißes hielten ...

Schließlich unterbrach Opa Pascha Bruchandas Erinnerungen. Entschlossen ging er auf Walerij Semenowytsch zu und kniff ihn in den Ellenbogen.

„Hör zu, du Dummkopf. Hryscha und die Jungs haben eine Fußballmannschaft aufgestellt, der Direktor hat's erlaubt. Sie brauchen einen Trainer. Sportler gibt's keine und wer nimmt schon eine halbe Stelle als Sportlehrer in einer Sonderschule an?"

Bruchanda dachte nach.

„Wer schon?", fragte Bruchanda zurück, er hatte noch immer den Krabbengeschmack auf der Zunge.

„Keiner natürlich, aber für dich ist das die Chance, noch was aus deinem Leben zu machen ... auf die Beine zu kommen ..."

„Ich werde darüber nachdenken", antwortete Bruchanda und wurde schwermütig.

Aber denken konnte er nicht mehr. Eine mächtige, dunkle Last legte sich ihm auf die Schultern. Die Kleidersäcke ragten wie die Umrisse schwarzer Brasilianer in die schwüle Luft, und Opa Paschas Schnarchen klang nicht wie Schlaf, sondern wie das schwere Atmen eines Sterbenden. Einschlafen konnte Bruchanda in dieser Nacht nicht.

Als erstes sprach Walerij Semenowytsch mit Hryscha über die Trainerfrage und erfuhr, dass die Jungs tatsächlich einen starken und entschlossenen Mann suchten, der ihre brüchigen und krummen Wirbelsäulen zwingen würde, auf dem Weg zum Glück dem elenden Schicksal zu widerstehen. Da war Bruchanda der richtige Mann. Wenigstens dachte er das.

Etwas Genaueres konnte Hryscha allerdings nicht sagen, deshalb nahm sich Walerij Semenowytsch vor, den Jungs beizubringen, wie sie sich auf dem Platz zu bewegen hatten.

Danach traf sich Bruchanda mit dem Schulleiter. Der war ein Fettsack mit Pieps-Stimme und weibischem Benehmen. Der Fettsack hielt sich bedeckt, versprach gar nichts, wies ihn aber darauf hin, dass der Trainer dafür gradezustehen hätte, wenn sich auch nur ein einziges Buckelchen verletzen würde.

„Bei mir bröckelt doch schon lang der Putz", antwortete Bruchanda. „Ich steh hier für gar nichts grade. Ich werde tun, was ich kann. Ihre Gymnastik kenne ich, heiße Umschläge für Leichen sind das. Haben Sie ein Fußballhandbuch?"

Den letzten Satz verstand der Direktor nicht, aber er rief irgendwo an, und am nächsten Tag hatten die Tore ein Netz.

Von den Spielregeln hatte Bruchanda nur grobe Vorstellungen. Auf seinem Stadtspaziergang kaufte er in einem Antiquariat das Buch *Torwart der Republik* von Lew Kassil, las es in einer Nacht durch und schlurfte dann unausgeschlafen zu seinem ersten Training.

„Was ist schon dabei? Wenn ich mit den Jungs nicht klarkomme, sollen sie zum Teufel gehen, dann mache ich weiter wie bisher", dachte Bruchanda, als er den Weg zum Sportplatz entlangstapfte, auf dem gerade die ersten grünen Halme sprossen.

Bruchanda kannte fast alle Jungs, die zum ersten Training gekommen waren. Nicht persönlich zwar, aber zwei von ihnen waren Freunde von Hryscha, und er war ihnen ein paar Mal in Opa Paschas Wohnung begegnet. Einige hatte er ab und an im Geschäft an den Spielautomaten gesehen, und andere wieder kannte er einfach irgendwoher, ohne dass er hätte sagen können, woher genau. Die Jungs waren einer wie der andere schwächlich und klapprig wie morsche Pappeln. Wie er mit denen eine Abwehr oder ein Mittelfeld aufbauen sollte, war ihm schleierhaft, von einem Angriff ganz zu schweigen. Außerdem waren nur zehn Jungen gekommen.

„Wer geht in den Kasten?", fragte Bruchanda plötzlich, während er mit geschwollenen Augen das physische Potential der Mannschaft taxierte.

„Ich bin Torwart Wirbelwind", rief einer der Jungs.

„Wer?", fragte Bruchanda nach.

„Das ist Sascha Büffel", sagte Hryscha.

Sascha Büffel sah einem Büffel alles andere als ähnlich.

„Was bist du denn für ein Büffel?" Bruchanda musste schmunzeln.

„Das ist sein Nachname."

„Aha. Aber bitte kein Torwart Wirbelwind. Das hat im Kasten nichts zu suchen."

„Er ist der einzige, der in Frage kommt", rief jemand. „Alle anderen haben ein Attest. Nur Spezi."

„Was?"

„Krankengymnastik und Schwimmen."

„Und der Kasten?"

„Ich bin Torwart Wirbelwind …"

Bruchanda ging ein paar Schritte beiseite, drehte den Jungen den Rücken zu, schaute in den unruhigen Frühlingshimmel und stieß ein paar unanständige Wörter aus. Die Jungs hatten es gehört.

„Oho", murmelten sie.

Walerij Semenowytsch wurde rot, drehte sich wieder zu den Jungen, entschuldigte sich und ordnete an, bis zum nächsten Treffen das Trainingsziel zu konkretisieren und einen Torwart aufzutreiben.

„Leute", sagte Walerij Semenowytsch vertraulich und strich sich dabei über sein graues Haar. „Ohne Torwart ist alles für die Katz. Versteht mich da nicht falsch. Ich bin Boxer, ich weiß, wovon ich rede. Beim Boxen zählen der Angriff und die ständige Bewegung, und noch wichtiger ist die Deckung. Aber wenn ihr keinen Mundschutz drinnen habt, Jungs, sind eure Zähne sofort Mus."

Damit verabschiedete sich Bruchanda und schlug den Weg zum Lebensmittelgeschäft ein.

Nachts träumte Walerij Semenowytsch von Sascha Büffel. Er sprang auf einem Trampolin, entblößte seinen blassen Bauch und lachte laut.

Als er am nächsten Morgen aufwachte, trank Bruchanda wie immer sein Gläschen Wodka und wollte schon zurück ins Bett, als ihm plötzlich einfiel, dass er ja um elf Training hatte. Walerij Semenowytsch zog sich schnell den Trainingsanzug an, den er vor einem Jahr unter den ganzen muffigen Pullovern hervorgezogen hatte, stürzte aus dem Haus und lief zum Sportplatz. Die Jungs warteten schon. Sie traten gegen etwas, das wie eine riesige Walnuss aussah.

„Ist das der Ball?", fragte Bruchanda.

„Der einzige, den wir haben", antworteten die Jungen. „Ein Basketball ohne Gummi."

Bruchanda schwieg. Die Jungs schoben einen kleinen, stämmigen Jungen mit großen gelben Zähnen nach vorne.

„Der Torwart?", begrüßte ihn Bruchanda zufrieden.

„Witja!", stellten die Jungen den Torwart vor. „Er hat Krebs!", verkündeten sie noch fröhlicher.

„Jungs, das ist ein dämlicher Witz", schrie sie Walerij Scmenowytsch an.

„Das ist kein Witz", rief irgendwer.

„Ich habe keinen Krebs, sondern einen Tumor. Der wird rausgeschnitten und fertig."

„Ist er gutartig?", fragte Bruchanda fürsorglich und berührte Witjas Schulter.

„Ja."

„Kannst du im Kasten stehen? Also im Tor?"

„Ja, kann ich."

Bruchanda kratzte sich zufrieden am Kopf und sah die Truppe an.

„Also dann", begann er gutmütig, „wärmen wir uns ein bisschen auf? Ein paar Runden ums Spielfeld, so lange die Kraft reicht, damit ich eure Leistungsfähigkeit und den Herz-Gefäß-Tonus einschätzen kann."

Der Frühling rückte unaufhaltsam näher. Jeden Tag hatte sich die Natur, sofern man die kümmerlichen Ahornbäume entlang der Fabrikzäune als Natur bezeichnen konnte, wieder ein bisschen verändert. Der böige Aprilwind fegte Dachplatten von fünfstöckigen Häusern und von den Wohnheimen, verfing sich in den Antennen und wehte hinaus auf die Kolchosfelder vor der Stadt. Von Tag zu Tag kamen mehr Menschen nach draußen und sogen Sauerstoff ein. Bruchanda hatte immer weniger Lust auf Spaziergänge durch die Stadt, weil er die Jungen trainierte, er wollte der Mannschaft seine Weltsicht vermitteln und regte sich schrecklich darüber auf, dass das Trainingsziel derart unklar war. Da er vor lauter Glauben an seine Mannschaft geblendet war wie ein Lotse, der im Blick auf den Polarstern die Orientierung verloren hat, traf er eine kühne Entscheidung. Die verkündete er beim ersten Training nach den Maifeiertagen.

„Jungs", sagte Bruchanda. „Jungs. Ich bin stolz auf euch, ich glaube an euch, an eure Stärke, an unsere Stärke. Deshalb habe ich … habe ich unsere Mannschaft für die Stadtmeisterschaften angemeldet. Wir werden ein Turnier spielen!"

Den letzten Satz sprach Walera mit aufrichtigem Pathos aus. Er sagte ihn so, als wäre er nicht nur auf seine Mannschaft stolz, sondern auf die ganze Schule. Als hätte er sein Leben lang nichts anderes gemacht und hunderte von Sportlern nach oben gebracht.

„Ich bin hier zur Schule gegangen. Jetzt ist das eine Sonderschule, früher war es eine ganz normale Schule. Ich bin stolz auf diesen Ort. Ich bin stolz auf euch. Vor uns liegt ein Turnier! Ein Turnier!"

Er wollte dieses Wort noch einmal wiederholen, und es ganz langsam auskosten, aber als er die leeren Blicke bemerkte, hielt er inne.

„Das ist nicht realistisch", sagte Hryscha irgendwann.

„Ein Turnier? Wissen Sie, dass unsere Wirbelsäulen wie Fragezeichen aussehen? Ein Turnier ist nichts für uns."

„Wissen Sie, dass ihre Wirbelsäulen bei der geringsten Erschütterung in die Unterhosen bröseln können?", fragte der Direktor und aß dabei sein Zimtbrötchen auf.

„Ich möchte nichts weiter als einen normalen Fußball."

„Ich habe Ihnen ein Netz aufhängen lassen."

„Ihr Netz können Sie sich sonst wohin stecken! Wozu brauchen wir das Netz, wenn wir keinen Ball haben? Soll ich mit Ihrem Netz Karpfen fischen gehen?"

„Gehen Sie, wohin Sie wollen. Ein Turnier kommt nicht in Frage." Der Direktor klaubte mit seiner aufgedunsenen Hand die Brötchenkrümel auf dem Tisch zusammen und stopfte sie sich in den Mund. „Ich habe die Verantwortung, die Bildungsbehörde, die Rechenschaftsberichte, die Reisen in die Reha-Kliniken am Hals. Und mit wem fahre ich dann dorthin? Mit ein paar Särgen?"

Walerij Semenowytsch dachte nach.

„Ich habe verstanden. Danke."

„Überhaupt nichts haben Sie verstanden". Der Direktor schlug irgendein Heft auf und zeigte mit dem Finger darauf. „Da, schauen Sie, die Bildungsbehörde."

Bruchanda schaute dem Direktor müde in die Augen, brunnentief erschienen die ihm plötzlich und am liebsten hätte er reingespuckt, in diesen Brunnen, begriff aber, dass er daraus noch trinken musste, auch wenn das Wasser schal war, und er lächelte gezwungen.

„Auf Wiedersehen", sagte Walerij Semenowytsch und verließ das Büro.

Dennoch ließ ihm die Idee mit dem Turnier keine Ruhe, ständig hatte er neue Perspektiven vor Augen. Natürlich war ihm völlig klar, dass solche Überlegungen nichts weiter waren als ein hungriges Knurren im Magen eines Sonnenstadtbewohners, denn seine Mannschaft war schwach, untrainiert und bestand fast ausschließlich aus Behinderten, deren Wirbelsäulen tatsächlich bei der kleinsten Gelegenheit zerbröckeln konnten. Ein Turnier war eine ernste Angelegenheit, da würde ihnen niemand etwas schenken oder sie mit einem Knicks empfangen. Das war kein Ballett, sondern harter Fußball.

Das waren so die Gedanken, die Bruchanda durch den Kopf gingen.

Aber dennoch, trotz des Verbots des Direktors und der Skepsis der Jungen, meldete Walerij Semenowytsch die Mannschaft nicht vom Turnier ab, er hielt seine Entscheidung nicht für übermütig, sondern für vernünftig. Er war fest entschlossen, bis zum Letzten zu gehen.

„Bis zum letzten Buckelchen", sagte er, und das brachte ihn zum Lachen.

Bruchanda hatte seine eigenen Trainingsmethoden …

„Deine Tumore, Witja", rief Walerij Semenowytsch, „müssen dein Stolz sein! Lass alles Überflüssige los, du bist ein Champion, du bist der Beste, du bist Jaschin, Chilavert, wie hieß der doch gleich, Schowkowskyj."

„Čech", sagte jemand.

„Wer?" Bruchanda verstand nicht ganz.

„Petr Čech, der Torwart von Chelsea."

„Muss nach meiner Zeit gewesen sein." Bruchanda spuckte kräftig aus.

Es ärgerte Walerij Semenowytsch, dass er vom Fußball so wenig Ahnung hatte. Gut, er kannte ein paar Namen, aber nur deshalb, weil er selbst vom Sport kam. Gar nichts anfangen konnte er mit einem Begriff wie Abseits. Wenn der Ball im Kasten landete, war alles bestens, und der Rest war sinnloses Zeug. So dachte er und hatte letztendlich Recht. Er konnte sie motivieren, flößte ihnen den Glauben an den Sieg ein und glaubte selbst so sehr daran, dass er manchmal völlig vergaß, dass er eine Behindertenmannschaft trainierte. Stattdessen ließ er sich hinreißen, träumte von der ersten Liga, von Auswärtsspielen, von großen Mengen an Fans, die seinen Klub überallhin begleiten würden. Alle würden die gleichen weißen Schuhe und Wimpel, Schals und Fahnen und natürlich Fackeln tragen. Sie würden Leuchtraketen entzünden, die Hände heben, im Takt klatschen und den Namen des Klubs skandieren. Genau, einen Namen brauchten sie auch noch ...

Wieder in der Realität angelangt, blinzelte Bruchanda und ließ seinen Blick über die Spieler streifen: Vor ihm standen elf schwächliche Kinder, die mit Müh und Not den Ball trafen, den Bruchanda gekauft hatte, und wenn sie ihn denn trafen, fielen sie hin, holten sich blaue Flecken und zerrten sich die Sehnen.

„Ihr schafft das, ihr seid die Besten", sagte Bruchanda nach jedem Training. „Ich bin stolz auf euch, wirklich. Das wird unser Turnier!"

Wenn die Jungs nach dem Training in die Schule zurückkehrten, sprachen sie lange über das Turnier und über Fußball, lobten stundenlang ihre Mannschaft und waren, wenn nicht in ihren Trainer verliebt, so doch zumindest von einer tiefen Ehrfurcht erfüllt. Die anderen Schüler waren neidisch auf die Fußballer, verfluchten insgeheim ihre Krankengymnastik und träumten davon, wenigstens auf der Reservebank zu landen.

Eines Abends, knapp zwei Wochen vor dem Turnier, ging Walerij Semenowytsch zu Opa Pascha plaudern. Opa Pascha empfing seinen alten Freund kalt, ja beinahe feindselig.

„Bist du vollkommen durchgeknallt? Ein großer Trainer, oder was?"

Bruchanda wartete darauf, dass er weitersprechen würde. Aber Opa Pascha sagte nichts mehr.

„Wird's bald?", sagte Opa Pascha und sah Bruchanda durchdringend an.

„Ich dachte, du willst gar keine Antwort. Ich dachte, das sei eine rhetorische Frage."

„Was? Ob du dich für einen großen Trainer hältst, will ich wissen."

„Ich bin ein normaler Trainer."

„Du bist ein Scheißtrainer."

„Ich bin ein normaler Trainer."

„Du hast den Kindern völlig den Kopf verdreht."

„Ich mache sie zu Siegern."

„Du machst sie zu Idioten und nicht zu Siegern. Wo willst du den Sieg denn hernehmen? Scheißt du ihn aus, oder was?"

„Wenn's sein muss, scheiße ich ihn auch aus."

„Mach mich bloß nicht irre. Hryschka labert nur noch von seinem Fußball. Wir spielen Turnier, wir fegen die Matheschule vom Platz."

„Und ob", Bruchanda musste schmunzeln. „Die gehen sang- und klanglos unter."

„Und wenn nicht? Wenn du alles verreißt?"

„Kann vorkommen."

„Was ist dann mit den Jungs?"

„Dann werden wir weiter trainieren. Sie spielen gerade mal zwei Monate, sollen sie da alle gleich Rivaldos und Ronaldos sein? Und dir über den Kopf schießen? Das ist Sport, und wenn der Sieg nicht gekauft ist, muss man auch mit einer Niederlage rechnen."

„Hast du ihnen das so gesagt?"

„Nein."

„Hast du nicht. Du hast ihnen gesagt, dass sie das Turnier gewinnen. Du bist kein Trainer, du bist ein Arschloch, aber echt."

„Du willst mich beleidigen, ja, Pascha?"

Opa Pascha schwieg. Er drehte Walerij Semenowytsch den Rücken zu, ging ein paar Schritte durch den Pavillon zu seinem Tisch und holte eine Flasche und drei Plastikbecher aus seiner Tasche.

„Los, Trainer, komm rüber."

„Ich kann nicht, Pascha, wir haben morgen Training."

Opa Pascha zog vielsagend die Augenbrauen hoch, seufzte und goss nur sich ein.

„Mach nur keinen Mist, Walerka! Mach keinen Mist!"

Walerij Semenowytsch wünschte Opa Pascha eine gute Nacht und ging raus auf die Straße. Links war sein Wohnhaus und auf der anderen Straßenseite die Schule. Er kletterte über den niedrigen Zaun und schlenderte über das Schulgelände …

Er saß mitten auf dem Fußballfeld auf dem roten Lehm, schaute in den violetten Himmel, und es schien ihm, als landeten die Sterne wie Fallschirmjäger auf den Dächern der Wohnhäuser um ihn herum. Hin und wieder wurde Bruchanda von Scheinwerfern geblendet, und dann verschwamm alles. Aber kurz darauf landeten die Sterne wieder auf den Dächern, die Luft war erfüllt von Wehmut, irgendwo zwischen den Häuserblocks hörte man betrunkenes Grölen, ihm wurde unheimlich, und er wollte nach Hause …

Bruchanda hatte nur für einen Augenblick die Augen zugemacht, und als er sie wieder öffnete, wurde er von der Morgensonne überrascht. Walerij Semenowytsch lag mitten auf dem Sportplatz. Neben ihm stand der Schulleiter und klimperte aufdringlich mit seinem Schlüsselbund.

„Bist du aufgewacht?" Aus irgendeinem Grund war der Fettsack zum Du übergegangen.

„Ich?", krächzte Waleri Semenowytsch und spürte, wie ein vertrauter Schmerz durch seinen Körper lief. Das war oft so, wenn Bruchanda im Sessel oder in einem Klamottenhaufen eingeschlafen war.

„Los, Trainer, steh auf. Es hat sich austrainiert. Scheiße, verdammte."

„Häh? Ich bin gekommen, habe mich hingesetzt und muss eingeschlafen sein."

„Jaja, schon gut. Steh auf und geh dich ausschlafen. Du bist betrunken."

„Ich habe nicht getrunken."

„Spinn weiter. Ich mach schon mal die Papiere fertig."

Walerij Semenowytsch kam noch nicht so ganz hinterher, aber grob war der Sinn des Gesagten zu ihm durchgedrungen. Er versuchte aufzustehen, aber die Gelenkschmerzen hatten seinen ganzen Körper im Griff.

„Helfen Sie mir aufstehen, ich komme nicht hoch."

„Wenn du dich volllaufen lassen kannst, kannst du auch aufstehen."

„Aber ich habe nicht getrunken", stöhnte Bruchanda. „Ich stehe vor einem Turnier!"

„Das Turnier hatte ich Dir doch verboten."

Der Direktor drehte sich um und steuerte auf das Hauptgebäude zu.

„Hey!", schrie ihm Bruchanda hinterher. „Hey! Wir haben ein Turnier, das ist eine ernste Sache!"

Walerij Semenowytsch lag noch eine Weile auf dem Feld und versuchte aufzustehen. Irgendwie kam er schließlich auf die Beine und schlurfte nach Hause, um sich umzuziehen und zu essen. Vor ihm lag ein wichtiges Training, und offiziell war er ja noch nicht entlassen.

Allerdings fand Bruchanda, als er auf den Platz kam, anstelle seiner elf treuen Spieler nur den Wachmann, Serhij Serhijowytsch, einen mageren Opa so ungefähr in seinem Alter.

„Hallo", begrüßte ihn der Wachmann. „Jewhenowytsch hat mich geschickt, damit ich dich rausschmeiße. Du bist entlassen, die Mannschaft ist aufgelöst, hau ab."

„Und wenn ich nicht gehe?"

„Was weiß ich. Ich werde dich ja nicht vom Platz prügeln."

„Das will ich doch hoffen", sagte Bruchanda und grinste, denn plötzlich kamen ihm all seine K.o.-Siege in den Sinn.

Serhij Serhijowytsch dachte daran, wie seine Bude mehr als einmal demoliert worden war, wie oft man ihn schikaniert und geschlagen hatte, aber er sagte:

„Hau ab."

„Ich geh ja schon", antwortete Bruchanda und war schon im Gehen, dann hielt er noch mal inne.

„Hör mal", rief er Serhij Serhijowytsch zu. „Wenn du einen von meinen Jungs siehst, sag ihnen, dass sie toll sind und ich stolz auf sie bin."

„Gut", rief der Wachmann, über sein Gesicht huschte ein kaum merkliches Lächeln.

Den ganzen Abend verbrachte Waleri Semenowytsch zu Hause. Er badete, trank und badete wieder. Ihm war, als müsste gleich Hryscha oder sonst jemand von der Mannschaft angelaufen kommen, ihn trösten, etwas Nettes sagen, ihn aufmuntern und vielleicht sogar vorschlagen, irgendwo zu trainieren … Los, Walerij Semenowytsch, kommen Sie mit zum Bolzplatz, wir können dort trainieren, die Mannschaft wartet schon …

Aber es kam niemand.

Walerij Semenowytsch hatte in seinem Leben mehr auf den Kopf bekommen als irgendjemand sonst in der Stadt, aber dieser Schlag haute ihn um. Er schloss sich in seiner Wohnung ein, holte seine gesamten Alkoholvorräte raus und begann, seinen Kummer zu ertränken …

So widerlich und elend wie in dieser Woche war es ihm noch

nie ergangen. Walerij Semenowytsch hatte noch nie so laut gesungen wie an diesen dunklen Abenden, sein Gesang stieg weit über die Wohnung hinaus, hoch hinauf, über das Viertel, hin zu den Schornsteinen der Chemiefabrik. Er lief von einem Zimmer ins andere, fluchte grundlos und belegte alle möglichen Möbel mit Schimpfwörtern. Manchmal hatte Walerij Semenowytsch das Trinken und Fluchen satt, dann legte er sich auf den Boden, schlief ein paar Stunden und stand dann wieder auf, um noch lauter zu singen und zu fluchen.

Ein paar Mal kam Opa Pascha vorbei. Zögerlich, als schämte er sich irgendwie, klopfte er. Aber Bruchanda öffnete nicht. Auch den Nachbarn und der Miliz nicht, nicht einmal Hryscha, der schließlich doch kam und mit ihm reden wollte.

„Walerij Semenowytsch!", rief Hryscha durch die Tür. „Wir müssen reden."

Aber Bruchanda saß neben der Tür und weinte leise.

„Walerij Semenowytsch, wir müssen reden. Die Mannschaft ist da ... Walerij Semenowytsch!"

Der Trainer schwieg. Gelbe Tränen kullerten über sein unrasiertes Gesicht und fielen auf die alte zerfressene Fußmatte.

Als der Alkohol alle war, wusste Bruchanda nichts mehr mit sich anzufangen. Die schreckliche, schwarze Verzweiflung wich dem banalen Stumpfsinn, Walerij Semenowytsch hatte aufgehört zu trinken, lief ruhelos von einem Zimmer ins andere auf der Suche nach Ablenkung. Da er keine fand, setzte er sich auf seinen Lieblingsplatz auf dem Balkon und schaute lange auf den Verkehr und versuchte, mit seinem Herzen den Rhythmus des LKW-Lärms einzufangen.

Erst am zehnten Tag verließ Bruchanda das Haus. Er hatte sich rasiert und seinen weißen Sonntagsanzug angezogen, und so sah er aus wie ein herausgeputzter Alkoholiker, der in einer trockenen Phase die Herzen der nicht allzu reinen, dafür äußerst willigen örtlichen Schönheiten zu erobern gedenkt.

Der Erste, den Walerij Semenowytsch sah, war Witja, sein früherer Torwart. Er stand im Lebensmittelgeschäft bei den Spielautomaten und sah den anderen beim Spielen zu. Als er Bruchanda sah, lief Witja voller Freude zu seinem Trainer.

„Tach."

„Hallo, Witja", grüßte ihn Bruchanda und schielte gleichzeitig in Richtung Spirituosenabteilung. „Ich bin nur kurz reingekommen. Ich kauf was und geh zurück."

„Saufen Sie?", fragte Witja enttäuscht.

„Was geht's dich an? Geh zurück in dein Kasino."

„Sie saufen", konstatierte Witja traurig. „Ich könnte die Mannschaft zusammenrufen. Kolja, Jura und Tscherpenko würden sofort kommen. Hryscha war beim Direktor, aber der hat ihn rausgeschmissen."

Walerij Semenowytsch antwortete nicht, er holte ein paar sorgfältig gefaltete Geldscheine hervor und legte sie auf die Kasse.

„Den für fünfzehn."

Witja, der die Intimität dieses Vorgangs verstand, ging feinfühlig beiseite, wartete aber, bis Bruchanda das Geschäft verlassen hatte, und lief ihm hinterher.

„Ich werde bald operiert", piepste er.

„Das freut mich für dich."

Witja blieb stehen. Beleidigt stand er noch ein paar Sekunden so da, sah seinem Trainer nach und kehrte dann zu den Automaten zurück.

Am Hausaufgang warteten schon Opa Pascha und sein Enkel.

„Jungs", sagte Walerij Semenowytsch in einem sanften, väterlichen Ton, auf einer Kiste vor den Garagen sitzend. „Morgen ist der entscheidende Tag. Morgen ist das erste Spiel. Gegen wen spielen wir eigentlich?"

„Gegen die Schule Nummer zwanzig."

„Gegen die zwanzigste Schule also. Na, die machen wir platt, die zwanzigste. Das Wichtigste ist die Abwehr. Wanja und Sascha, ihr geht nicht nach dem Ball, eure Aufgabe ist es, Witja abzuschirmen. Witja, du bist der Wichtigste."

„Und Hryscha?"

„Hryscha ist der Kapitän, er ist Stürmer, der Star auf dem linken Flügel, aber wenn du abkackst, kann dir auch kein Hryscha helfen. Kapiert?"

„Kapiert."

„Ich hoffe, ihr versteht mich. Es ist besser zu verteidigen, als in den Angriff zu gehen. Das ist ganz, ganz wichtig für uns …"

Bis zum späten Abend, ja fast bis in die Nacht hinein redete Bruchanda behutsam auf die Jungs ein, als hätte er Angst, sie zu verschrecken. An dem Tag trainierten sie nicht, sondern redeten die ganze Zeit, als wollten sie im Voraus alles durchspielen.

Nachts konnte Walerij Semenowytsch nicht schlafen. Bis zum frühen Morgen saß er auf dem Balkon, und schwere Gedanken gingen ihm durch den Kopf.

„Sie werden's vermasseln", sagte sich Bruchanda immer wieder. „Oje, sie werden's vermasseln."

Es war das dritte Spiel im Schülerturnier um die Stadtmeisterschaft. Die Mannschaft der Sonderschule Nummer vierzehn war zuerst offiziell angemeldet, dann abgemeldet und schließlich wieder angemeldet worden, inoffiziell allerdings. Die Veranstalter hatten die Auslosung gefälscht und ihnen das Sportlyzeum mit der stärksten Mannschaft überhaupt zugeteilt, um diese komische, halblegale und kaum ernstzunehmende Halbbehindertenelf, die ein ehemaliger Boxer und jetziger Alkoholiker trainierte, der entlassen worden war, weil er – so stand es in einem Brief – „vollgekotzt auf dem Sportplatz eingeschlafen war", möglichst schnell loszuwerden.

Letzterer kam vor allen anderen zur Schule Nummer zwanzig, wo das Spiel stattfinden sollte. Er ging lange über das Fußballfeld, betrachtete begeistert das grüne Gras, die weiß gestrichenen Tore und den blauen Himmel über seinem Kopf. All das, Bruchanda konnte selbst nicht so richtig sagen, warum, deutete auf eine Niederlage hin.

Als die Spieler beider Mannschaften, die Schiedsrichter und irgendwelche Leute von der Bildungsbehörde und der Stadtverwaltung endlich auf den Platz kamen, befiel Walerij Semenowytsch plötzlich eine bleierne Müdigkeit. Es schien ihm, als könne ihn nur der ewige Schlaf aus diesem Zustand befreien. Mit der Mannschaft sprach er nicht. Er umarmte nur jeden und setzte sich auf den Trainerstuhl. Dessen Bezug löste sich auf, und Bruchanda pulte die ganze Zeit an den morschen Fäden, um sich zu beruhigen.

Die gegnerische Mannschaft erweckte den Eindruck, als sei die Armee der polnischen Adelsrepublik mit glänzenden Helmen und Flügeln auf dem Rücken gegen Bauern mit Heugabeln und Sensen angetreten. Schon zu Beginn des Spiels war allen klar, dass die Kontrahenten entschlossen waren, den Ball mindestens zehn Mal im gegnerischen Kasten zu versenken und kein Gegentor zu kassieren.

„Na, Opi, geht's los?", sprach plötzlich ein Hüne um die vierzig Bruchanda an. Es war der Trainer der Schule Nummer zwanzig.

Er setzte sich neben Walerij Semenowytsch und wollte ein Gespräch anknüpfen, er schlug Bruchanda sogar kumpelhaft auf die Schulter. Da seine Kontaktversuche nicht erwidert wurden, wandte sich der Trainer seiner Mannschaft zu. Walerij Semenowytsch musterte ihn und taufte ihn – in den biblischen Sujets nicht besonders bewandert – David. David sprang ständig von seinem Stuhl auf, schrie hysterisch und rannte herum wie ein kecker Hahn vor der Schlachtung.

Bruchanda hingegen schwieg. Er schwieg, als die Gegner das erste Tor machten. Das war in der zwölften Spielminute. In der fünfzehnten Minute, als der überrumpelte Witja zum zweiten Mal hinter sich greifen musste, sagte Bruchanda immer noch nichts. Nicht mal während der Pause ging Walerij Semenowytsch zu seinen Schützlingen. Nach den zwei Gegentoren trauten sich die Jungs nicht mal mehr in seine Richtung zu schauen. Sie saßen ruhig vor ihrem Tor und spuckten ungeniert auf den makellosen Rasen.

Umso überraschender begann die zweite Halbzeit ...

Schon in der ersten Minute spielte Hryscha zwei stämmige Gegenspieler aus und schob den Ball seelenruhig hinter die gegnerische Linie. Beide Trainer reagierten darauf mit einem langgezogenen Geheul. Nach diesem Tor war es mit Bruchandas Schweigen vorbei ... Er sprang aufs Feld, zerrte die eigenen und auch die fremden Spieler am Trikot, erteilte lautstark Anweisungen und benahm sich, gelinde gesagt, unfein. Ein paar Mal kam jemand von den Organisatoren zu Walerij Semenowytsch und bat ihn, sich etwas zu mäßigen. Bruchanda riss sich eine ganze Minute zusammen, aber dann gingen die Nerven wieder mit ihm durch, und er schrie und lief mit neuer Kraft.

Irgendwann – Bruchanda hatte jegliches Zeitgefühl verloren – brannte es vor dem Tor der Sonderschüler, im Strafraum herrschte ein riesiges Getümmel, der Ball flog ein paar Mal direkt vors Tor, aber ob Witja klären konnte oder irgendeine unsichtbare Kraft den Jungen half – Hryschas Truppe hatte unverschämtes Glück. Und erst als irgendeiner den Ball plötzlich in Richtung der improvisierten Tribüne schoss, begriff Bruchanda, dass etwas Schlimmes passiert sein musste. Jemand lag am Boden, die anderen umringten ihn, die Veranstalter kamen auf den Platz gelaufen, und Walerij Semenowytsch erstarrte.

„Die Wirbelsäulen sind zerbröckelt", schoss es ihm jäh durch den Kopf.

Der Rettungsdienst fuhr mit Witja in unbekannter Richtung davon. Der Torwart hatte dem Druck nicht standgehalten. Hryscha erklärte, dass sei zum dritten Mal binnen eines Monats mit ihm passiert, bald würde er operiert werden.

Der Mannschaft fehlte der Schlussmann. Der Kasten gähnte leer. Die Verantwortlichen wollten das Spiel abbrechen.

„Wir spielen weiter", rief Bruchanda.

„Wir haben keinen Torwart", sagte Hryscha nüchtern.

„Wir haben Saschka!" Das Leuchten in den Augen von Waleri Semenowytsch hätte sogar den Teufel verunsichert. „Büffel! Du bist Wirbelwind, der Torwart. Wir spielen!", rief Bruchanda dem Organisationskomitee zu. „Wir haben einen Torwart! Den Wirbelwind!"

„Das war's, Jungs, packt zusammen", sagten die Verantwortlichen gelassen. „Das Spiel ist aus."

„Wir haben doch Wirbelwind." Bruchanda ließ nicht locker.

„Toller Wirbelwind!", mischte sich der Trainer der Schule Nummer zwanzig ein.

„Er ist ein normaler Torwart! Nur eben ein Wirbelwind."

„Das war's, das Spiel ist aus", verfügten die Veranstalter.

„Wir haben doch Wirbelwind ..."

„Laber hier keinen Scheiß", legte der Trainer los. „Wir haben 2:1 gewonnen. Arrivederci, Buckelkinder."

„Buckelchen", verbesserte ihn Bruchanda automatisch. „Das ist unfair! Wir können weiterspielen, wir gewinnen noch. Das ist unser Turnier! Wir werden es gewinnen."

„Höchstens im Jenseits", platzte der Trainer heraus. Da trat Walerij Semenowytsch dicht an ihn heran.

„Sag das noch mal!"

„Ich wollte dich nicht beleidigen, Opi, was musst du auch so provozieren."

Der Gorilla versetzte Bruchanda einen kräftigen Stoß vor die Brust. Dass der Opa nicht umfiel, verblüffte ihn. Blitzschnell brachte Walerij Semenowytsch seine Fäuste zum Einsatz, und der David lag platt auf dem Rasen.

„Die Sonderschulmannschaft ist ausgeschlossen!", verkündete das Organisationskomitee erfreut.

Auf der Rückfahrt im Trolleybus redete Walerij Semenowytsch ununterbrochen. Er glaubte, den richtigen Ton gefunden zu haben, um die Jungen aufzumuntern.

„Jungs, ihr habt auf jeden Fall gewonnen. Wenn es fair zugegangen wäre, hätten wir ihnen noch ein paar Eier reingelegt. Aber selbst wenn nicht, haben wir ja ohne den Torwart nur die halbe Mannschaft, also zählen die Tore nicht. Aber wenigstens hat die Freundschaft gesiegt. Ihr seid super, Jungs. Hryscha, Sanja, Illjucha – ihr habt euch gut gehalten. Klasse, Jungs!"

Aber die Jungs schweigen. Die letzten paar Haltestellen schwieg auch Bruchanda. Und erst als die Jungen auseinanderliefen, die einen nach Hause, die anderen ins Internat, sagte Walerij Semenowytsch:

„Wir geben nicht auf! Morgen trainieren wir weiter!"

„Mhm", kam als Antwort, und ihm wurde schmerzlich klar, ein weiteres Training würde es nicht geben.

Und obwohl Walerij Semenowytsch sich selbst noch so zehn oder zwölf Jahre gegeben hätte, starb er im darauffolgenden Winter. Leise und ohne jemanden zu behelligen.

Bruchandas Tod überraschte niemanden. Opa Pascha hatte zu der Zeit ernste gesundheitliche Probleme, und die Jungen bereiteten sich gerade auf die Halbjahresprüfungen vor. Nur Witja kam, um seinem Fußball-Lehrer die letzte Ehre zu erweisen.

In einer Hauptstadtzeitung erschien sogar ein Nachruf, in dem stand, dass gestern ... der ... bedeutende ... sowjetische ... Boxer ... Meister ... Titel ... verstorben sei ...

Aber wenn ihn jemand gefragt hätte, Walerij Semenowytsch Buchanda hätte kaum gewusst, wer er denn nun eigentlich gewesen war ...

Aus dem Ukrainischen von Lydia Nagel

Der Nerd und sein Trainer

Andrij Kokotjucha

Die Geschichte passierte ein Jahr nach Ausbruch der weltweiten Finanzkrise.

Mitte der Neunziger hatten in einer ukrainischen Kleinstadt zwei abgebrühte Gangsterjungs ihre Verbrecherkarriere begonnen. Für damalige Verhältnisse war daran nichts Ungewöhnliches.

Sie waren schon knapp über zwanzig, also eigentlich keine Jungs mehr. Aber „Gangsterjunge" war in den Neunzigern keine Altersangabe, sondern eine Gesinnung. Kein gemeiner Spitzname, sondern ein Ausdruck von Anerkennung. Ein Adelstitel, ein Ritterschlag, wie das „Sir" für Paul McCartney. Ein Gangsterjunge kann sich noch zu einem echten Gangster entwickeln. Und ein echter Gangster muss sein Geschäft im Griff haben. Ein echter Gangster steht zu seinem Wort, selbst wenn es dem gesunden Menschenverstand widerspricht. Er betrügt seine Partner nicht, kennt keine Angst und zahlt geliehenes Geld immer zurück.

Andrij Starodubzew, genannt Dron, und Kostja Kuhut, genannt Kostyl, hatten dieselbe Schule besucht, waren aber nicht in dieselbe Klasse gegangen. In ihren Klassen waren sie die heimlichen Bosse, vor denen die Streber zitterten und sie abschreiben ließen. Dron schrieb die Hausaufgaben wenigstens noch ab. Kostyl ließ das von seinem Freund und Waffenträger Wowa Dudka erledigen. Der trug den – wenig überraschenden – Spitznamen

Sancho. Die Lehrer ahnten natürlich, woher die verschiedenen Handschriften in Kostyls Heft stammten, kamen aber überein, ihn gewähren zu lassen, um ihn möglichst schnell loszuwerden.

Kostja Kuhut machte der Schule nämlich noch mehr Ärger als Andrij Starodubzew.

Wenn jede Klasse einen eigenen Boss hat, ist die Vorherrschaft heiß umkämpft. Dron und Kostyl legten deshalb fest, dass sich alle männlichen Mitschüler, auch die Streber, am Kampf um die Vorherrschaft zu beteiligen hatten. Wenn nun ein Brillenheini nicht bis zum letzten für seine Klasse einstehen wollte ... Sparen wir uns die Einzelheiten, aber das konnte nicht gut ausgehen. Denn: Wer nicht für die Klasse war, war gegen sie. Und was mit Abweichlern passiert, ist bekannt.

Als Dron und Kostyl zur Schule gingen, wurde Sport noch von Männern unterrichtet. Ihr Sportlehrer war ein echter Pädagoge, der außerdem in der Stadtauswahl Fußball spielte und unter Kennern als erstklassiger Stürmer galt. Er kam auf die Idee, die Energie der Bosse der Klassen A und der B in nützliche Bahnen zu lenken. Der Kampf um die Vorherrschaft sollte auf dem Fußballfeld ausgetragen werden.

Und in der Tat: Bei der kleinsten Unstimmigkeit zwischen den Klassen oder ihren Bossen wurde ein Fußballspiel angesetzt. So ein Spiel wurde nicht lange aufgeschoben, meist einigte man sich auf den nächsten Samstag. Über diese Art der Konfliktbewältigung erschienen Artikel an der Wandzeitung, in der Stadtzeitung, im Kreis- und Gebietsblatt und schließlich in der Kiewer Presse. Korrespondenten der *Pionerska Prawda* und später der *Komsomolska Prawda* berichteten. Aber niemand dachte daran, das Ganze genauer zu hinterfragen. Denn eigentlich hätte man schreiben müssen, dass der Lehrer einfach zwei tolle Fußballmannschaften für seine Schule aufgestellt hatte. In die *Prawda*, das Organ der Kommunistischen Partei, schafften es unsere Helden nicht. Sie gingen nach der achten Klasse an die Berufsschule, dann zur Armee und wurden schließlich Schutzgeldeintreiber.

Seit der Schulzeit hatte sich im Leben von Dron und Kostyl nicht viel geändert. Jeder hatte seine *Familie*. Wie früher in der Schule steckten sie das Territorium ab und teilten es untereinander auf. Anfangs griffen sie beim kleinsten Konflikt zu Schlagring und Pistole. Dann aber erinnerten sie sich an die alte Schultradition: Wozu die Leute zu Krüppeln schlagen und die Bullen aufscheuchen, wenn man alles unauffällig regeln konnte, aus seinen Gangs Fußballmannschaften machen und alle Streitigkeiten auf dem Spielfeld austragen konnte. Dron und Kostyl trafen eine Abmachung, die halten sollte: Die Verlierermannschaft hatte alle Forderungen dessen zu erfüllen, der die siegreiche Mannschaft anführte. Und zwar ohne, wie die Politiker sagen, Annexionen und Kontributionen. Auch wenn derjenige gewinnen sollte, der völlig im Unrecht war. Der Verlierer konnte ja Revanche fordern, seinen Anspruch ein weiteres Mal erheben und mit seinen Leuten erneut antreten.

Eine Bedingung behielten Dron und Kostyl bei: Die Mannschaften durften nicht aus fremden Spielern bestehen. Dann hätte man ja Blochin, Rebrow, Platini oder sonstwen engagieren und ganz leicht gewinnen können. Auch Spieler durften nicht getauscht werden. Nur Mitglieder der *Familie* durften aufgestellt werden. Es war streng verboten, vor einem bereits angesetzten Spiel jemanden Neues aufzunehmen. Das widersprach dem Ehrenkodex.

Dron und Kostyl waren echte Bosse: Diese Abmachung konnte niemand aufheben, weder Gesetz noch Gericht, höchstens sie selbst. Aber sie standen zu ihrem Wort, und die Abmachung war ihnen heilig.

Später ging Andrij Starodubzew hinter Gitter, weil er so ein südkaukasisches Arschloch umgelegt hatte, das sich sein Revier unter den Nagel reißen wollte und anfing, den Chef zu mimen. Lebenslänglich bekam er nicht, weil die Bullen sich dieses Arschloch eigentlich auch vom Hals schaffen wollten, aber mächtig in der Klemme saßen, denn die Kaukasier hatten dem stellvertretenden Polizeichef zum Geburtstag einen Westschlitten vor die

Tür gestellt. Die Sache mit dieser kriminellen ethnischen Gruppierung war heikel, aber Dron hatte das Problem aus der Welt geschafft. Die Kaukasier versuchten danach, den Staatsanwalt und den Richter zu bestechen, um den Mörder ihres Bruders in ihre Finger zu bekommen. Aber man ließ sie abblitzen, Recht und Ordnung gingen schließlich vor. Und so saß Dron nur zehn Jahre und erarbeitete sich in dieser Zeit ein großes Ansehen. Sein Ansehen war so groß, dass er nach seiner Entlassung gleich ein fettes Geschäft aufzog und schnell zum Bankier aufstieg.

Kostja Kuhut ließ sich ungefähr zur gleichen Zeit für die Verbrechen eines anderen einbuchten. Als er wie versprochen begnadigt wurde und rauskam, konnte er ein schönes Sümmchen kassieren. Damit stieg er dann selbst groß ein. Womit er handelte, war ihm völlig egal: Billig kaufen und teuer verkaufen konnte man so ziemlich alles. Dron und er waren nun erwachsen, und die Zeit der Ränkespiele war vorbei. Als Freundschaftsdienst gab Dron Kuhut sogar zinslose Kredite, damit er sein Geschäft ausbauen konnte. Und Kuhut zahlte das geliehene Geld vielleicht nicht immer pünktlich, aber immer zurück.

Kurz vor dem Ausbruch der weltweiten Finanzkrise, als die Ukraine einen bis dahin ungekannten Konsumboom erlebte, wollte Kuhut in seiner Heimatstadt eine Kette für importierte Haushaltstechnik eröffnen. Er nahm bei Starodubzew einen Kredit auf und kaufte im Ausland ohne Zwischenhändler für das ganze Geld Elektrogeräte. Da sein Lager nicht ausreichte, mietete sich Kuhut ein zusätzliches Lagerhaus, füllte es bis unter die Decke mit Haushaltsgeräten, und mit Luftballons für die Kinder und dem Auftritt von Jewgenij Kemerowskij, einem russischen Schlagerstar, für die Erwachsenen eröffnete er seine Kette. Das Geschäft lief gut an, die Leute rissen sich um die Westtechnik. Aber dann kam ihm die Finanzkrise dazwischen ...

Die Gewinne aus dem Handel brachen mehr und mehr ein. Auch Drons Bankensektor machte schwere Zeiten durch. Starodubzew reagierte als erster und forderte seine Kredite zurück.

Und um das Geld schneller einzutreiben, besann er sich auf seine Jugend und stellte sich einen Trupp zusammen, der mit den hartnäckigsten Schuldnern vorbeugende Gespräche führte. Mit Kostja Kuhut konnte er allerdings nicht so umspringen. Schließlich waren sie alte Freunde.

Die Freunde berührten das Thema nur ein einziges Mal. Dron sagte, dass er das Geld bräuchte, sonst würde seine Bank den Bach runtergehen. Kostyl antwortete, er hätte das Geld ja, würde er es aber jetzt, selbst ohne Zinsen, zurückzahlen, ginge sein Geschäft den Bach runter.

Also beschlossen der Bankier und der Unternehmer, auf ihre bewährte Methode zurückzugreifen, die schon seit 15 Jahren nicht mehr zur Anwendung gekommen war. Es sollte ein Fußballspiel stattfinden. Eine Firma gegen die andere. Die Regeln hatten sich nicht geändert: Keine Profifußballer von außen, keine neuen Mitarbeiter vor dem Spiel, nur der vorhandene Kader. Und sie würden als Mannschaftskapitäne auflaufen, wie in alten Zeiten.

Würde Kostyls Mannschaft gewinnen, bekäme er die Schulden erlassen.

Würde Drons Mannschaft gewinnen, müsste Kostyl seine Schulden samt Zinsen binnen drei Wochen zurückzahlen.

Freunde würden sie trotzdem bleiben, egal wie das Spiel ausging.

Zur Sicherheit tauschten sie die Mitarbeiterlisten aus. Starodubzew hatte sogar mehr männliche Angestellte, als er für eine Fußballmannschaft benötigte. Er konnte auswählen. Kuhuts Lage war etwas weniger komfortabel: Er hatte genau zehn Männer. Wachleute, Fahrer, Verkäufer, Lagerverantwortliche und noch einen Typen, bei dem Kuhut nicht genau wusste, was der eigentlich machte, der aber wohl gebraucht wurde, sonst wäre er ja kaum eingestellt worden …

Kein Problem, sagte sich Kostyl. Es sind elf Mann. Genau eine Mannschaft. Die Miezen vom Verkauf werden uns anfeuern, mit ihren langen Beinen und dicken Titten, vom feinsten. Das schaffen wir schon, den Bankier machen wir platt.

1

„Noch Fragen?" Wowa Dudka schaute in die Runde.

Wie sein Chef trug er noch immer seinen Spitznamen, Sancho, und war seit der heißen Banditenzeit die rechte Hand von Kostjantyn Kuhut. Er war in Afghanistan gewesen und dort verwundet worden. Bei Kostyl leitete er den Sicherheitsdienst und sorgte für Ordnung im Geschäft, ganz gleich was Kuhut gerade trieb. Die anderen Mitarbeiter zitterten vor ihm, besonders wegen seiner alten Kriegsverletzung. Wenn mal etwas nicht so lief oder Sancho meinte, dass es falsch lief, rastete er aus, drehte durch und tat, was ihm gerade in seinen traumatisierten Kopf kam. Und wenn nicht irgendwer, sondern Sancho persönlich mit einem der männlichen Mitarbeiter sprach, hieß das, dass weder der Chef noch er den geringsten Einwand duldeten. Der Befehl war Gesetz, die ganze Belegschaft würde Fußball spielen, und das bei jedem Wetter. Das Wetter war übrigens ausgezeichnet: Frühherbst und nicht so heiß. Die beste Zeit.

Aber es gab Einwände.

„Was ist?" Sancho nickte der fetten Brillenschlange zu, die die Hand gehoben hatte.

„Wolodymyr Mykolajowytsch, ich kann nicht Fußball spielen", gab die Brillenschlange ehrlich zu und stand auf wie in der Schule.

„Und wieso nicht?", fragte Sancho mit ebenso ehrlicher Verwunderung. „Alle spielen. Auch du."

„Wolodymyr Mykolajowytsch, Fußball ist nichts für mich, ich kann nicht spielen. Und überhaupt", er nahm sein Brille ab, drehte sie schönrednerisch in der Hand, setzte sie wieder auf und rückte sie zurecht. „Also, Wolodymyr Mykolajowytsch, Sie sehen doch selbst …"

„Ich sehe, dass du ein Mann bist. Du gehörst zu unserem Kollektiv. Du bist ein Mitarbeiter", kanzelte Sancho ihn ab. „Wo wir gerade dabei sind: Du machst bei uns eigentlich *was*?"

„Ich bin Netzadmin."

„Noch mal mit einfachen Wörtern, dass man es auch versteht, ohne *leck ihn ihm* …"

„Ich bin Netzadministrator", sagte er nicht ohne Stolz, denn die funktionierenden Datenbanken in der Ladenkette waren allein sein Werk.

Sancho verstand trotzdem nichts.

„Und wie heißt du noch mal?"

„Jura …"

Jetzt wurde die Stimme des Brillenheinis doch unsicher. Wahrscheinlich konnte er sich nicht vorstellen, dass jemand, der in der Firmenhierarchie gleich hinter dem Chef kam, den Namen eines wichtigen Mitarbeiters nicht kannte, ohne den im Computerzeitalter überhaupt nichts lief.

„Hör mal, mein Bester, lass die Mätzchen", antworte Sancho. „Was für ein Administrator du da bist, kratzt mich ehrlich gesagt überhaupt nicht. Wenn es heißt, dass die Belegschaft Fußball spielt, läufst du auch mit auf. Wenn du Angst hast, dass dir dein Nasengestell runterfällt, dann sag ich dem Chef, dass er dir diese … verdammt …" Sancho machte für einen Moment die Augen zu und fuhr sich mit den Fingerspitzen über die Lider, „Linsen, also, diese Kontaktdinger besorgt. Und dann fällt die Brille nicht runter. Du spielst wie jeder andere auch."

Der rundliche Jura seufzte, schaute die Anwesenden der Reihe nach hilfesuchend an, als suchte er Unterstützung in seinem Recht auf sportliche Selbstbestimmung.

„Die Brille ist doch nicht das Problem. Ich kann nicht Fußball spielen, weder mit Brille noch ohne. Ich habe sogar Linsen. Aber die kann man nicht immer tragen, weil sie die Netzhaut reizen …"

„Komm auf den Punkt!"

„Also wenn bestimmte finanzielle Fragen schon von Sportwettkämpfen, also von *einem* konkreten Wettkampf beziehungsweise von seinem Resultat abhängen, dann sollten wir nicht Fußball, sondern Schach spielen." Da ihn niemand unterbrach, wurde Jura mutiger. „Schach, verstehen Sie? Eine Runde

Simultanschach. Ich trete allein gegen die gesamte Belegschaft des werten Herrn Starodubzew an. Es können elf sein oder mehr, ganz egal. Die kann ich alle schlagen. Ich hab Übung. Ich gewinne sogar gegen den Computer, Wolodymyr …"

„Halt's Maul, Brillenbimbo", unterbrach Sancho schließlich den redseligen Netzadministrator.

Sanchos Stimme klang nicht böse oder gereizt. Weder konnte er sich dumm stellen noch den Naiven mimen, mit diesen Fähigkeiten war er nicht gesegnet. Er verstand einfach nicht, wovon dieser dicke Brillenheini da redete. Den er bis vor einer halben Stunde höchstens mit einem Kopfnicken begrüßt hätte. Wenn er ihm überhaupt begegnet wäre. Denn dieser Nerd saß den ganzen Arbeitstag lang in einem kleinen Kabuff und klickerte irgendwas in seine Computertastatur. Er machte also etwas, wovon Sancho, dem die Firmensicherheit oblag, keinen blassen Schimmer hatte.

Jura musste husten, als er unterbrochen wurde. Und fragte dann in einem anderen Ton:

„Wie bitte?"

Jetzt war es Sancho, der seufzte.

„Okay", sagte er und bemühte sich, ruhig zu bleiben. „Alle verlassen den Raum." Dann nickte er in Juras Richtung. „Er bleibt."

Die acht anderen Männer erhoben sich ohne Widerrede und verließen den Raum. Als hinter dem letzten die Tür zugegangen war, trat Sancho vor den Abweichler. Der war einen halben Kopf größer als die Sicherheitsnadel und hatte sogar etwas breitere Schultern. Das musste nichts heißen. Der erfahrene Sancho spürte, dass der Brillenheini sich vorkam wie eine winzige Wanze oder eine Schnecke ohne Haus.

„Hör gut zu, du Nerd", zischte Sancho. „Es ist mir scheißegal, wie du Fußball findest. Deinem Arbeitgeber, Herrn Kuhut, genauso. Auch deine persönliche Meinung ist ihm scheißegal. Du gehörst zu unserer Firma. Alle spielen. Auch du."

„Dann kündige ich", sagte Jurij mit letztem Mut. „Entlassen Sie mich. Ich will nicht mehr. Entlassen Sie mich mit sofortiger

Wirkung." Er überlegte kurz und fügte dann, obwohl ihm diese Entscheidung ganz schön schwer fiel, hinzu: „Ich verzichte auf eine Abfindung. Sie brauchen auch das Gehalt nicht mehr auszuzahlen. Sie brauchen überhaupt nichts zu zahlen. Entlassen Sie mich einfach."

Sancho konnte sich kaum noch beherrschen. Er ballte die Fäuste so fest zusammen, dass sich die Nägel in die Handflächen gruben.

„Habe ich mich undeutlich ausgedrückt, mein Bester? Bist du, verdammt nochmal, schwerhörig?" Sancho zog Jurij am linken Ohr. „Dann wiederhole ich es für dich *dämlichen* Netzadministrator nochmal: Wir sind genau elf männliche Mitarbeiter. Der Chef, ich und deine Kollegen. Und du, verdammt noch mal!" Sancho drückte seinen Zeigefinger in den weichen Bauch des Brillenheinis. „Wir sind hier ein Team, auch im Fußball. Ob es dir gefällt oder nicht, aus der Mannschaft kommst du nicht raus. Nicht mal, wenn du tot umfällst. Dann sind wir nämlich einer weniger. Wir dürfen aber vor dem Spiel am kommenden Samstag niemanden mehr einstellen. Das ist gegen die Regeln. Wenn wir das Spiel absagen, gilt das als Niederlage. Wir könnten natürlich gegen Drons Mannschaft mit einem Mann weniger antreten. Aber dann verlieren wir auch. Und dann ist alles aus. Es sei denn, mein Bester, du läufst auf und spielst."

„Aber ich finde Fußball blöd!", rief Jura und wich ein paar Schritte zurück. „Ich kann nicht spielen! Ich kann nicht und will nicht, kapieren Sie das doch mal! Mit mir verlieren Sie genauso wie ohne mich! Ich steh nur im Weg, stoßen Sie mich ab!"

„Bist du so dämlich oder tust du nur so?" Sancho war mit seiner Kraft am Ende. „Es ist völlig egal, wer Fußball wie findet. Wenn die Interessen der Firma es erfordern, spielen alle. Ist das klar?"

Jura schniefte. Sancho befiel die ungute Ahnung, dass der Typ hier, der dem Alter nach eher sein jüngerer Bruder als sein Sohn sein könnte, gleich losheulen würde. Sancho hatte das Letzte aus sich rausgeholt. Es war alles gesagt.

2

„Du bist ein Mann! Ich bin stolz auf dich!"

Das sagte Jurijs Frau Julia. Sie hatte Jura studiert und arbeitete in einer Firma, die auf Immobiliengeschäfte setzte, und dachte, die Sache würde wie geschmiert laufen. Aber dann kam die Finanzkrise, und der Immobilienmarkt brach zusammen. Julia war zwar noch nicht entlassen worden, die Kündigung konnte aber jeden Tag kommen. Diese karrierebedrohende Situation weckte in der Frau des Netzadministrators echte Kämpferqualitäten, die man sonst höchstens von Scarlett O'Hara kannte. Also fasste Julia den Protest ihres Mannes als persönlichen Kampf auf.

Jura stimmte Julia zu, es war einfach Unfug, Schwachsinn, Selbstbetrug, Kulturfaschismus, der geistige SuperGAU. Die beiden tranken Bier und knabberten Chips, Julia holte weit aus: Es ist nicht rechtens. Im Vertrag steht nichts davon, dass der Netzadministrator für seine Firma Fußball spielen muss. Wenn es nicht in der Ausübung seiner Dienstpflicht passiert, für die er bezahlt wird. Jura warf ein, dass er nie einen Vertrag unterschrieben hätte. Er hätte sich einfach auf eine Anzeige hin gemeldet und erhalte seitdem regelmäßig in einem Umschlag sein Geld. Darauf nahm die Juristin siegessicher einen Schluck Bier und verkündete:

„Umso besser! Sie können dich also gar nicht zum Fußball zwingen! Es gibt kein Papier, und du hast nichts unterschrieben!"

Als sie ihr Bier ausgetrunken hatten und ins Bett gingen, war Jura mit seiner Frau ganz einer Meinung: Ein Netzadministrator von seiner Qualität wird auch in der Finanzkrise nicht einfach gefeuert. Die Anforderungen an die Arbeit in seinem Bereich nahmen eher zu, und Jura war auf seinem Gebiet, also was Computersysteme betraf, ein gestandener Fachmann. Das behauptete wenigstens Julia, und er glaubte es gern. Seine Frau willigte heute sogar in Oralsex ein, als wollte sie ihren Mann so für seine Zivilcourage und Standhaftigkeit belohnen. Als Julia eingeschlafen war, lag Jura noch lange wach und schmiedete Pläne, wie er sich aus dieser verfahrenen Situation retten konnte. Ein Plan war besser als der andere.

Zuerst wollte er mit seiner Frau fliehen, in billigen Motels übernachten wie Bonnie und Clyde, sich von Piroggen ernähren und alle Brücken hinter sich abbrechen. Dann kam ihm die Idee, den Konflikt moderner und zivilisierter zu lösen. Fußball ja, aber am Computer. Er wollte sogar gleich ein Programm schreiben, bei dem die Spieler auf dem virtuellen Feld genauso aussahen wie im normalen Leben. Dank moderner Technik war das möglich. Als er schließlich einschlief, stellte sich Jura gerade vor, wie seine Frau seine Interessen vor Gericht vertrat und wie sie von Kostjantyn Kuhut eine riesige Entschädigung für die erlittenen seelischen Verletzungen erstritten ...

Am nächsten Morgen wurden sie von Julias Telefon geweckt. Julia ging ran und war sofort hellwach. Jura hörte nicht zu, sondern versuchte noch ein wenig weiterzuschlafen, zumal Julia kurz und lakonisch antwortete. Als sie ihn nach dem Gespräch anschaute, sah er auch ohne Brille, dass etwas nicht in Ordnung war. Und er konnte sich sofort denken, womit der Anruf zusammenhing. Julia bestätigte seinen Verdacht.

„Arbeitet ein Rostyk Harkusch bei euch in der Firma?"

„Als Fahrer ... Was ist mit ihm?"

„Mit ihm ist nichts. Wusstest du, dass seine Frau schwanger ist?"

„Ich wusste nicht mal, dass er verheiratet ist. Wir haben ja nichts miteinander zu tun."

„Richtig, was hat ein Netzadministrator auch mit einem Fahrer zu tun ..." Julia strich sich eine Haarsträhne aus der Stirn. „Seine Frau ist schwanger. Im achten Monat. Sie heißt Ljuda, aber das ist unwichtig ... Sie war dran ..." Julia nickte in Richtung Telefon.

„Kennst du sie?"

„Nein. Sie haben ihr *meine* Handynummer gegeben. Sie haben gesagt: Wenn *mein* Mann nicht mit Fußball spielt, sich weiter sträubt und sich gegen die Interessen des Kollektivs stellt, dann nehmen sie ihnen die Wohnung weg. Jura!" Julia zog umständlich den heruntergerutschten linken Ärmel ihres kurzen Nachthemds wieder hoch. „Jura, die Firma hat ihnen das Geld geliehen. Die Wohnung ist auf die Firma eingetragen. *Euer* Fahrer zahlt jeden Monat mit der Hälfte seines Gehalts den Kredit zurück. Das sind schreckliche Leute. Sie würden eine schwangere Frau auf die Straße setzen, wenn's drauf ankommt. Wenn ihr verliert … wegen dir, Jura … Vielleicht überlegst du's dir nochmal, hab dich nicht so, vielleicht vergisst du mal deine Prinzipien, ich verstehe dich ja …"

3

„Was für Prinzipien denn!" Jurij wollte seine Wut rausschreien und dabei zumindest ansatzweise mutig klingen. Es kam aber ein hysterisches Gekreisch dabei heraus. „Wovon reden Sie eigentlich, Wolodymyr Mykolajowytsch? Ich habe keine Prinzipien, ich hab nur nichts für Fußball übrig!"

„Das ist scheißegal", sagte Sancho und zog an seiner Zigarette.

„Okay, vielleicht habe ich mich falsch ausgedrückt. Ich habe es anders gemeint! Ich kann mich für Fußball begeistern! Wenn es so wichtig ist, wenn das Team das braucht, bin ich bereit, mich für Fußball zu begeistern! Ich kann die Namen aller Fußballspieler auswendig lernen! Im Internet die besten Tore finden! Die Mannschaft anfeuern, die angesagt ist! Aber davon kann ich noch lange nicht spielen, Wolodymyr Mykolajowytsch!"

„Das ist scheißegal", sagte Sancho wieder und blies Jura Zigarettenqualm ins Gesicht. „Du gehörst dazu. Und du wirst am Samstag auf dem Platz stehen. Und wirst spielen."

„Aber ich kann nicht spielen!!" Der Netzadministrator musste husten. „Ich werde alles versauen! Die Niederlage ist sicher!"

„Red keinen Quatsch" Diesmal blies Sancho den Rauch zur Seite. „Die Sache ist geritzt. Der Chef kennt dein Problem. Wir zwei spielen Straßenfußball, seit wir denken können. Wir sind ein eingespieltes Team. Der Rest gibt auch keine schlechte Figur ab.

An uns kommen sie nicht ran, aber immerhin. Wenn unsere Verteidigung steht und wir nach vorn Druck machen, kriegen wir sie. Dann haben wir eine Chance. Kapiert?"

„Nein", sagte Jurij.

„Also", Sancho zog wieder an der Zigarette. „Also, hör zu. Abmurksen können wir dich nicht und rausschmeißen auch nicht. Dann wäre alles aus, noch bevor es losgegangen ist. Als Feldspieler können wir dich nicht aufstellen, das weißt du selbst. Da stehst du uns nur im Weg rum. Eine Scheiße, aber echt."

„Stimmt", gab Jurij zu.

„Es gibt nur einen Ausweg: Du gehst ins Tor." Sancho klopfte Jurij auf die Schulter. „Du wirst unser Torhüter. Du bist der Schlussmann. Du spielst mit, aber rennst nicht auf dem Platz rum."

Jurij hatte plötzlich einen trockenen Mund.

„Aber … Soweit ich das verstehe … Muss der Torwart … Das heißt, er darf keinen Ball ins Tor lassen … Aber bei mir werden die Bälle einschlagen, Wolodymyr Mykolajowytsch! Ich kann das nicht, ich habe noch nie …"

„Los, schlag ein." Sancho lachte über sein eigenes Wortspiel. „Das ist unsere Chance. Ich sag dir, Taktik ist alles. Der Chef und ich spielen im Angriff, wir machen Druck nach vorn. Die anderen kennen unsere Taktik nicht. Wir greifen an und machen das erste Tor. Dann stellen wir uns hinten rein. Damit keiner in deinen Strafraum kommt. Das muss doch zu machen sein. Zweimal 45 Minuten, und das Ding ist gelaufen." Sancho rauchte auf und trat den Stummel mit der Schuhspitze aus. „So machen wir's. Beschlossene Sache."

„Aber …"

„Gelaber!" Sancho merkte, dass er kurz vorm Explodieren war, „steck dir dein Aber sonstwo hin, geh aufs Klo und spül es runter! Jedenfalls musst du noch ein bisschen was tun, ehe du als Torhüter auflaufen kannst. Wir haben noch sechs Tage. Und ich werd dich rannehmen. Anweisung vom Chef. Ich werde dein Trainer, noch Fragen?"

Sancho hielt Jurij seine Zigaretten hin, der griff zu, obwohl er noch nie geraucht hatte. Er steckte sich das Ding verkehrtherum an, und das brachte den frischgebackenen Trainer endgültig aus der Fassung. Er riss der Brillenschlange die Zigarette aus dem Mund, zerbrach sie und warf sie auf den Boden, was ihm Genugtuung verschaffte.

4

Dann begann die Hölle.

Vom nächsten Tag an klingelte Sancho jeden Morgen seinen Zögling aus der Wohnung und ging mit ihm zum nächsten Sportplatz, wo sie Runden liefen und der Trainer die Norm mit jedem Mal etwas erhöhte. Danach musste Jura noch eine halbe Stunde Dehnübungen machen und schleppte sich dann zur Arbeit, die ihm natürlich niemand erließ. Dort war er den Blicken seiner Kollegen ausgesetzt, den Mitgliedern *seiner* Mannschaft. Gegen Abend kroch er unter den mitleidigen Blicken seiner Frau zur Schlafcouch und ließ sich fallen. Julia wurde nicht müde zu betonen: „Du bist ein Mann! Ich bin stolz auf dich!"

Nach dem dritten Trainingstag stellte ihn der Trainer ins Tor.

Sie gingen zu einem richtigen Fußballplatz, irgendwo in einer riesigen Plattenbausiedlung. Während er den mitgebrachten Fußball auf den Boden prellte, sagte Sancho:

„Jetzt sind wir am Ort des Geschehens. Das hier ist *dein* Tor. Am besten gewöhnst du dich gleich jetzt dran. Du musst mit dem Tor eins werden. Mit ihm verschmelzen. Stell dich schon mal rein."

Wie er war – in Jeans, Halbschuhen und Kapuzenshirt – schlufte Jura zum Tor. Er schaute erst zum einen Pfosten, dann zum anderen und versuchte, irgendwo seinen Platz zu finden. Ein paar Jungs hatten planlos auf dem Platz herumgebolzt, um die Zeit totzuschlagen. Sie hielten inne und beobachteten interessiert die seltsamen Manöver der beiden Männer.

„Nimm deine Brille ab!", kommandierte Sancho ballprellend.

„Dann sehe ich aber nichts", protestierte Jura.

„Also gut, meinetwegen. Morgen machst du deine Linsen rein." Kritisch prüfte Sancho die Position. „Du bist zu weit rein gegangen. Zu tief. Und stell dich in die Mitte. Nicht so, ein Stück vor ... Ja, ja, so bleib stehen! Aber nicht wie ein Stock, verdammt, du bist doch kein Soldat auf der Schüssel! Beug die Knie! So! Für's erste Mal ist es okay, dann sehen wir weiter." Er lachte schallend. „Es wird dir bald Spaß machen, mein Lieber! Und dann kommst du von selbst!"

Schon seit Mittag roch es nach Herbstregen, es konnte jede Minute losgehen. Jurijs Versuch, den Trainer darauf aufmerksam zu machen, führte zu nichts. Der Torwartneuling bekam lediglich zur Antwort: „Das Spiel findet bei jedem Wetter statt! So oder so, klar?"

Sancho schaute sich um, und sein Blick blieb an den neugierigen Teenagern hängen. Er pfiff und winkte sie zu sich:

„Heh, Maradona & Co! Kommt mal her! Ich hab eine Aufgabe für euch!"

Das ließen sich die Jungs nicht zweimal sagen. Sie waren zu viert, alle unterschiedlich alt, einem fehlte ein Schneidezahn, vorn dribbelte ihr Anführer.

„Zu mir!", rief Sancho, und als der Ball kam, nahm er ihn gekonnt an, machte eine einfache, flotte Finte und spielte seinen Gegner aus, ohne den eigenen Ball fallenzulassen. Dann hörte er auf und nickte dem Ältesten zu: „Und?"

„Ganz ordentlich", war die Antwort.

„Also passt auf, Jungs." Sancho warf den Jungs seinen Ball hin. „Die Aufgabe ist folgende. Seht ihr den Brillenbimbo dort im Tor? Ihr werdet jetzt nacheinander aufs Tor schießen. Ihr könnt mit beiden Bällen schießen, mit eurem und meinem. Hauptsache, ihr haut ordentlich drauf, wie beim Elfmeterschießen, kapiert?"

Der Anführer schaute skeptisch auf das Torwartbaby.

„Der geht ein", konstatierte er schließlich. „Los geht's. Wir werden's ja sehen. Eh, bist du bereit?", rief er Jurij zu.

Der nickte und nahm eine Haltung ein, die er für eine Torwartpose hielt.

Den ersten Ball, der wie eine Kanonenkugel auf ihn zukam, versuchte er erst gar nicht zu fangen und ließ ihn einfach durch. Beim zweiten strengte er sich an, verlor das Gleichgewicht und fiel um. Die Jungs grölten los.

„Genug gewiehert!", schnauzte Sancho sie an und rief seinem Schützling zu: „Und du liegst gefälligst nicht da rum, dass die Hühner lachen! Schieß die Bälle zurück, aber zack!"

Jurij holte die Bälle. Aber er konnte sie nicht zurückzuschießen. Einer flog nach oben weg über die Latte. Der andere trudelte gerade mal drei Meter weit, so schwach hatte der Torwart geschossen.

Erst jetzt begriff Wowa Dudka, genannt Sancho, worauf er sich hier eingelassen hatte. Als er spürte, wie sich ein Wutausbruch anbahnte, versuchte er, den Ratschlag seiner Ärzte befolgend, seine Aggression schnell in eine sinnvolle Richtung zu lenken.

„Du und du!" Sancho tippte zwei der Teenager an. „Holt die Bälle, die Zeit läuft!"

Die Plattenbaukids spürten, dass sie dem Mann besser nicht widersprachen. Während die Jungs die Bälle holten, zog Sancho sein Jackett aus und warf es dem Anführer zu: „Pass auf, wenn dir dein Arsch lieb ist." Dann nahm er Anlauf, holte kurz aus und drosch den vorher zurechtgelegten Ball aufs Tor. Er legte in diesen Schuss seine ganze ohnmächtige Wut, seinen Hass auf alle Netzadministratoren dieser Stadt, alle verpeilten Typen der Welt, egal ob mit Brille oder ohne. Und auf die im Weltall gleich mit: Sicher gab es auch auf anderen Planeten solche Pfeifen, für die Fußball nichts weiter war als ein Substantiv, ein Wort mit sieben Buchstaben, das auf Englisch …

„Ah-ah-ah-ah!"

Der Ball traf den Torhüter direkt ins Sonnengeflecht. Dieses Mal wollte Jura den Ball wirklich fangen und hätte es sogar beinahe geschafft. Er hatte die Arme ausgebreitet und sich dem Ball entgegengeworfen, als ob er ihn umarmen wollte. Doch er konnte ihn nicht festhalten: Der Ball hatte eine solche Wucht, dass Jura ins Tor flog. Ihm blieb der Atem weg, ihm waren Hören und Sehen vergangen. Das erste, was er wieder hörte, war Sanchos Brüllen:

„Aufstehen! Steh auf, du Lahmarsch!"

Schwankend kniete er sich zuerst hin und stand dann auf. Vor seinen Augen drehte sich alles.

„Den nächsten hältst du!", befahl Sancho. Aber Jurij ging vor dem zweiten Ball instinktiv in Deckung wie vor einem tollwütigen Hund und warf sich genau in die entgegengesetzte Ecke.

Sancho biss sich auf die Lippen, bis die Unterlippe fast blutete.

Mit einer unmissverständlichen Geste befahl er den Kids, die Bälle zu holen. Er wartete, bis der Torhüter wieder auf seinem Posten war. Dann begann alles von vorn.

Das ging so lange, bis es anfing zu regnen. Jurij, der gerade wieder von einem Ball umgenietet worden war, blieb gleich mit den ersten Tropfen liegen. Er lag da, seine Brillengläser küssten den Boden, und er überhörte das Gelächter der Kids und die Flüche seines Trainers. Plötzlich ebbte der Lärm ab, nur der Regen prasselte immer stärker, weichte die Erde auf und verwandelte sie in ein Matschfeld. Und den Netzadministrator mit Hochschulabschluss zu einem Schlammklümpchen.

Nach ein paar Minuten kam Sancho an, hockte sich neben Jura, packte ihn an der Schulter und drehte ihn um. Jurij schloss die Augen und wartete auf den Schlag. Aber nichts geschah. Als er vorsichtig durch die Augenlider lugte, sah er, dass der Trainer nicht wütend, sondern einfach nur irritiert war und seinen Schützling erschöpft und mitleidig ansah.

„Reiß dich zusammen", sagte er. „Du hast keine Wahl. Es geht nicht um mich oder den Chef oder die Firma, das ist alles scheißegal. Es geht um dich!"

Jura lag zusammengekrümmt wie ein Embryo da, schwieg und atmete schwer.

„Du machst es für dich!" Sancho brüllte nicht, er sagte es eher wie bei einer Geisterbeschwörung. „Du wirst mir noch dankbar sein, mir und allen anderen, weißt du das? Es geht doch nicht um den Fußball, es geht um dich, reiß dich zusammen!"

Jurij schwieg weiter. Der Herbstregen wurden schwerer und irgendwie nasser.

„Ob ich es schaffe, aus dir einen Torhüter zu machen, weiß ich nicht." Sancho sprach leiernd wie ein Vater zu seinem Baby, das um jeden Preis seinen Brei essen soll. „Aber dafür einen Mann! Darauf kannst du dich verlassen."

Als die Plattenbaukids begriffen, dass hier eine merkwürdige und ziemlich heikle Show abging, schnappten sie sich ihren Ball und machten sich vom Acker. Sancho packte Jurij an der Schulter. Der aber lag da, weichte mehr und mehr durch und träumte davon, dass ein großes Wasser ihn fortschwemmen würde, wie einen Holzscheit, einfach bis ins weite Meer …

Am nächsten Tag ging's wieder auf den Platz.

5

„Ich mach das nicht! Ich kann das nicht, kapieren Sie das doch endlich!"

Jurij wiederholte das solange, bis der Trainer mit ihm in das Warenlager fuhr, das am weitesten vom Büro entfernt lag, und allen auftrug, das Lager zu verlassen. Es sollte niemand stören, wenn der Trainer vor dem morgigen Spiel ein letztes ernstes Gespräch mit dem Torhüter führte.

Sancho schloss die Tür ab, zog seine Pistole aus der Tasche und entsicherte sie. Dann ging er einen Schritt auf Jurij zu, der sich in eine Ecke mit Elektrogerätekartons zurückgezogen hatte, und warf ihm eine Plastiktüte mit etwas Weichem zu.

„Jetzt reden wir Klartext, Jura." Sancho versuchte möglichst ruhig zu bleiben. „Hier hört uns keiner. Was ist denn nun schon wieder? Warum willst du die Fußballsachen nicht anziehen?"

„Ich stell mich doch nicht in Unterwäsche ins Tor! Das fehlte noch. Ist das so schwer zu begreifen?"

Jurij war ein Bündel aus Verzweiflung und Verdammnis. Verdammt verzweifelt.

„Wo siehst du hier Unterwäsche?"

„Die Unterhosen. Ich stell mich nicht in Unterhosen aufs Feld. Ich lauf nicht mal zu Hause in Unterhosen rum."

„Das ist eine Turnhose, mein Bester. Trägst du Shorts?"

„Ja."

„Dann stell dir einfach vor, es wären Shorts."

„Aber es sind keine Shorts! Es sind Unterhosen! Im Sportunterricht hatte ich auch lange Hosen. Ich hatte ein Attest, das hatte meine Mutter besorgt!"

„Deine Mutter, die sollte man mal …!" Sancho hielt es nicht mehr aus. „Im Sommer gehst du doch baden am Strand?! Ziehst du da Shorts an? Ja oder nein?"

„Ich gehe nicht an den Strand", murmelte Jurij. „Direkte Sonneneinstrahlung schadet meiner Haut. Meine Frau und ich fahren in die Berge, dort zieht man sich ordentliche Hosen an, wenn man rausgeht …"

Sancho zählte in Gedanken bis zehn. Dann noch mal bis zwanzig.

„Das ist unsere Mannschaftskleidung", sagte Sancho, der sich mit letzter Kraft zusammenriss. „Das ist *deine* Spielerkleidung. Wir tragen alle dieselben Sachen! Du und alle anderen Spieler! Du stehst in *unserem* Tor, verstanden?!"

„Warum kann ich nicht was anderes anziehen als diese Unterhosen? Wolodymyr Mykolajowytsch, ich verstehe nicht, warum das nicht geht. Warum kann ich keine normalen Trainingshosen anziehen? Ich habe mich bereit erklärt, im Tor zu stehen. Sie haben mehrere Tage Ihrer kostbaren, mal im Ernst, Ihrer kostbaren Zeit für mich geopfert! Ich gehe ins Tor. Ich werde es verteidigen, so gut ich kann. Ich spiele Fußball. Aber ich stelle mich nicht *nackt* auf den Platz!"

„Das ist Sportkleidung! Du bist nicht nackt!"

„Das sind Unterhosen, Wolodymyr Mykolajowytsch! Ich gehe

nicht in Unterhosen unter die Leute! Ich gehe nicht mit nackten Beinen! Ich habe krumme Beine, verstehen sie doch!"

„Das ist scheißegal."

„Ist es nicht! Es ist nicht egal, Wolodymyr Mykolajowytsch! Für mich ist das so, als ob ich nackt wäre. Kapieren Sie das doch endlich! Wie soll ich denn halten, wenn ich mich, verstehen Sie, *ich mich* schutzlos fühle!"

Jurij warf die Tüte mit der Sportkleidung in die Ecke. Er würde bis zum Äußersten gehen. Davon war Wowa Dudka, der über ziemlich viel Menschenkenntnis verfügte, überzeugt.

Das war's.

Ende.

Aus.

Sancho zielte mit der Pistole auf Jurij. Sein Finger spielte dabei leicht am Abzug.

„Jetzt werden wir mal sehen, wie du andere verteidigen kannst, du Lahmarsch. Deine Familie zum Beispiel. Deine Frau. Julia, hieß sie doch, oder?"

„Ja, Julia ..." Der Netzadministrator schluckte.

„Ich lass sie holen." Sancho wunderte sich, wie ruhig er war. „Dir dürfen wir kein Haar krümmen. So sind nun mal die Regeln, du Wichser. Du musst spielen, obwohl das keiner will. Weder du noch ich noch der Chef. Und deine Julia wird bis morgen, bis zum Spielende hier sitzen. Mein Kumpel wird ihr Gesellschaft leisten, die Pistole in der einen und das Telefon in der anderen Hand. Wenn du nicht in der Spielerkleidung, in diesen *Turnhosen*, aufläufst, dann ist es aus mit deiner Julia. Und ich weiß nicht, was mein Kumpel noch so mit ihr macht, bevor er sie abknallt. Interessiert mich auch nicht. Es liegt in deiner Hand, mein Lieber. Na, soll ich Julia holen?"

Jurij nahm langsam seine Brille ab, klappte sorgfältig die Bügel zusammen und legte die Brille beiseite.

„Das werden Sie nicht tun", sagte er mit fester Stimme. „Das können Sie nicht, Wolodymyr Mykolajowytsch!"

„Doch! Ich hab noch ganz andere Sachen gemacht. Ich will nicht, aber wenn es sein muss …! Denn du wirst morgen auf dem Platz stehen und Fußball spielen, und wenn du keine andere Sprache verstehst …"

„Das ist Fußball doch gar nicht wert!", schrie Jurij. „Kein einziges Spiel! Das ist nur ein Ballspiel, Wolodymyr Mykolajowytsch!"

„Es ist das Leben, mein Bester. Fußball ist Leben. Ohne Fußball kommt der Tod. Und damit das Leben weitergeht, würde ich alles machen. Du kannst dir mit deinem klugen Kopf nicht einmal vorstellen, wie weit ich gehen würde, damit du morgen aufläufst und mitspielst!"

Sancho wollte noch etwas sagen. Jurij sah, dass er voll in Fahrt war. Er wünschte sich fast, der Trainer würde den Abzug drücken und der ganzen Scheiß-Geschichte ein Ende machen.

Da klingelte plötzlich das Handy. Ein Lied von Jewgenij Kemerowskij ertönte.

Während er mit der Rechten weiter die Waffe hielt, zog Wowa Dudka sein Telefon aus der linken Tasche und hielt es ans Ohr.

„Hallo. Ich. Ja." Es folgte eine kurze Pause, plötzlich änderte sich sein Gesichtsausdruck. Die Hand mit der Pistole sank langsam nach unten. „Wer?" Pause. „Wann?" Pause. „Okay. Wartet, ich bin gleich da."

Nachdem er das kurze und unverständliche Telefonat beendet hatte, schaute Sancho auf das Telefon, dann ließ er die linke Hand sinken. Er stand über dem bemitleidenswerten Netzadministrator und hielt in der einen Hand die Pistole, in der anderen das Telefon.

„Was ist?", fragte Jurij vorsichtig und erkannte seine heisere Stimme nicht wieder.

„Es ist vorbei." Sancho breitete komödiantisch die Arme aus. „Das war's, Admin."

„Wie, das war's?"

„Schluss und vorbei. Abgemurkst."

„Abgemurkst? Heißt das umgebracht? Wen?"

„Dron. Starodubzew haben sie umgebracht. Eine Autobombe,

jetzt werden die Reste zusammengefegt. Wahrscheinlich waren es ein paar von den Typen, die ihm Kohle schulden. Dron hat da keinen Spaß verstanden. Mit uns ist er human verfahren, wie ein echter Boss ... Jetzt hat sich's ausgespielt für ihn ..."

„Dann findet das Spiel morgen also nicht statt?"

„Gegen wen wollen wir denn jetzt noch spielen?"

Sancho sagte nichts mehr, er wusste ja selbst kaum etwas, drehte sich um, steckte seine Pistole ein und ging.

Deshalb bemerkte er nicht, wie Jurij sich auf den Betonfußboden setzte und zwischen der Importware heulte. Er schämte sich seiner Männertränen nicht, versuchte sie mit einem Stofffetzen abzuwischen, den er aus der Tüte gezogen hatte.

Es waren die Turnhosen. Seine Mannschaftskleidung.

Aus dem Ukrainischen von Claudia Dathe und Kati Brunner

Autorinnen und Autoren

Andrij Kokotjucha (1970) stammt aus Nizhyn in der Nordostukraine und schreibt Romane sowie Kinderliteratur. In den 1990er Jahren organisierte er Autorenlesungen in der ganzen Ukraine und arbeitete für den Verlag *Smoloskip*. Seit der Beendigung seiner Verlagstätigkeit arbeitet er als Journalist und Autor. Mit seinem Roman *Die Prophetin* war er 2011 für den Preis *BBC-Buch des Jahres* nominiert.

Serhij Zhadan (1974) stammt aus Starobilsk in der Ostukraine und studierte in Charkiw Germanistik und ukrainische Literatur und promovierte zum ukrainischen Futurismus. Er veröffentlicht Romane, Erzählungen und Gedichte, übersetzt aus dem Deutschen und organisiert Literatur- und Musikfestivals, Ausstellungen, Rockkonzerte und Lesungen. Zahlreiche Romane und ein Gedichtband sind von ihm auf Deutsch erschienen, in der *edition*.fotoTAPETA *Die Selbstmordrate bei Clowns* (2009). Serhij Zhadan lebt in Charkiw.

Tanja Maljartschuk wurde 1983 in Iwano-Frankiwsk (Westukraine) geboren. Dort studierte sie ukrainische Philologie und arbeitete mehrere Jahre beim alternativen Fernsehsender *Pjatyj kanal*. Sie schreibt Prosa und Essays, verfasste u.a. 2007 *Sprechen*, das im Frühjahr 2009 unter dem Titel *Neunprozentiger Haushaltsessig* in deutscher Übersetzung im Residenz Verlag erschien. Tanja Maljartschuk lebt in Wien.

Maxym Kidruk (1984) studierte Energietechnik in Riwne, Kiew und Stockholm und arbeitete als Programmierer. Seit 2008 führen ihn Reisen durch Europa, nach Mexiko, Südamerika, Asien und Angola. Er schreibt für verschiedene Zeitschriften und verfasst Bücher, unter anderem *Verrückt in Peru* (Charkiw, 2011) und *Reise an den Nabel der Welt* (Kiew, 2010).

Artem Tschech (1985) studierte an der Akademie für Führungskräfte in Kunst und Kultur in Kiew und unternahm seine ersten Schreibversuche auf Russisch. Später veröffentlichte er sein erstes Buch, das er auf Ukrainisch schrieb. Von ihm sind bislang unter anderem erschienen *Doc 1* (Charkiw, 2009) und *Blaue Tür links* (Charkiw, 2010). Er lebt in Kiew.

Saschko Uschkalow (1983) kommt aus Charkiw (Ostukraine) und arbeitet als Manager in einer PR-Agentur. Er ist Dichter, Dramatiker und Prosaautor und gehört zur Generation 2000. Er ist Mitherausgeber verschiedener Anthologien, u.a. zur Charkiwer Literatur *Charkiw forever*. Von ihm sind bislang ein Lyrikband, ein Band absurder Dramatik und ein Roman erschienen. Einige Gedichte wurden in der deutsch-polnisch-ukrainischen Internetzeitschrift *Radar* publiziert.

Natalka Sniadanko (1973) studierte in Lemberg und in Freiburg im Breisgau. Sie arbeitet als Journalistin, Autorin und Übersetzerin. Ihr Debütroman *Sammlung der Leidenschaften* erschien 2001 (auf Deutsch dtv, 2007). Sie hat unter anderem Judith

Hermann und Günter Grass, Zbigniew Herbert und Czesław Miłosz ins Ukrainische übersetzt. Natalka Snjadanko lebt in Lemberg.

Irena Karpa (1980) stammt aus Tscherkassy in der Zentralukraine. Sie hat in Kiew Philologie studiert. Sie ist eine schillernde Figur der jungen ukrainischen Literaturszene, Solistin der alternativen Musikband *Faktyschno Sami* und Fernsehmoderatorin. Sie veröffentlichte mehrere Prosabände, u. a. *50 Minuten auf Drogen* (2004) und *Freud würde weinen*, 2005 den Roman *Perlmutternes Porno*. Sie lebt in Kiew.

Oksana Sabuschko (1960) studierte und promovierte an der Universität Kiew. Mehrere Studien- und Forschungsaufenthalte führten sie an amerikanische Universitäten. Oksana Sabuschko veröffentlicht Gedichte, Prosawerke und Romane. Auf Deutsch sind von ihr erschienen *Feldforschungen im ukrainischen Sex* (Droschl, 2006) und *Das Museum der vergessenen Geheimnisse* (Droschl, 2010). Das hier veröffentliche Gedicht *Abseitsballade* stammt aus dem Band *Travnevyj innyj* (Kyjiv, 1985).

Jurij Wynnytschuk (1952) studierte ukrainische Sprache und Literatur an der Universität in Iwano-Frankiwsk (Westukraine). Er siedelte nach seinem Studium nach Lemberg über und ist seit den 1970er Jahren in der Lemberger Literaturszene aktiv, hat für Zeitungen und Verlage gearbeitet, ein Theater gegründet und eigene Texte veröffentlicht. Erschienen sind von ihm unter anderem der Roman *Malva Landa* (2002) und die Groteske *Gig i i* (2007). Er lebt in Lemberg.

Oleksandr Hawrosch (1971) stammt aus Uschgorod in Transkarpatien und studierte Journalistik an der Universität Lemberg. Er arbeitet als Journalist für verschiedene west- und gesamtukrainische Medien. Er hat Gedichtbände sowie Sach- und Kinderbücher veröffentlicht. Für einige Kinderbücher hat er Auszeichnungen erhalten, u. a. im Wettbewerb *Koronacija slova 2011*. Er lebt im Lemberg.

Übersetzerinnen und Übersetzer

Jutta Lindekugel (1972) promovierte 2002 an der Universität Greifswald zu dem ukrainischen Dichter Juri Klen. Sie ist freiberuflich als Autorin und Redakteurin wissenschaftlicher und publizistischer Artikel sowie als Übersetzerin tätig. Sie gehört zum 2010 gegründeten Verein *translit e. V.*, der sich um Kulturvermittlung zwischen der Ukraine und Deutschland bemüht. Sie war Redakteurin beim Redaktionsbüro Radio + Fernsehen, Projektmanagerin für Mittel- und Osteuropa und Reiseleiterin. Sie lebt in Genf.

Jakob Mischke (1982) studierte Osteuropäische Geschichte und Volkswirtschaftslehre an der Freien Universität Berlin. Seit 2011 ist er als Koordinator des Deutsch-Ukrainischen Masterstudienganges „Deutschland- und Europastudien" an der Kiewer-Mohyla-

Akademie tätig. Er engagiert sich in der deutsch-ukrainischen Vermittlung, so im Informationsnetzwerk forumNET.ukraine, in der Deutschen Assoziation der Ukrainisten und im Verein *translit e.V.*, dessen Vorsitzender er ist. Er lebt in Kiew.

Alexander Kratochvil (1965) studierte Slawistik und Ethnologie in München, Freiburg, Brno und L'viv (Ukraine) und promovierte zur ukrainischen Literatur der 20er Jahre des 20. Jahrhunderts. Als wissenschaftlicher Mitarbeiter war er lange an der Universität Greifswald tätig, wo er das Greifswalder Ukrainicum mit aufbaute. Forschungs- und Lehrtätigkeiten führten ihn nach Konstanz, an die Humboldt-Universität Berlin und an die Tschechische Akademie der Wissenschaften. Er übersetzt aus dem Tschechischen und dem Ukrainischen, u.a. Oksana Sabuschko und Juri Andruchowytsch. Mitglied im Verein *translit e.V.* Er lebt in Berlin.

Claudia Dathe (1971) studierte Übersetzungswissenschaft (Russisch, Polnisch) und Betriebswirtschaftslehre in Leipzig, Pjatigorsk (Russland) und Krakau. Von 1997 bis 2004 arbeitete sie als Lektorin für den Deutschen Akademischen Austauschdienst in Kasachstan und der Ukraine. Seit 2009 koordiniert sie das Projekt „Textabdrücke – literarisches Übersetzen" an der Universität Tübingen. Claudia Dathe hat u.a. die ukrainischen Autoren Serhij Zhadan, Olexandr Irwanez, Tanja Maljartschuk und Viktor Neborak ins Deutsche übersetzt. Mitglied im Verein *translit e.V.* Sie lebt in Jena und Tübingen.

Kati Brunner (1977) studierte Slawistik/Ukrainistik, Deutsch als Fremdsprache und Romanistik in Dresden. Von 2004 bis 2009 war sie Lektorin des Deutschen Akademischen Austauschdienstes in Lemberg. Zurzeit promoviert sie an der Humboldt-Universität Berlin zur ukrainischen Schriftstellerin Olha Kobyljanska und übersetzt aus dem Ukrainischen. Mitglied im Verein *translit e.V.* Sie lebt in Berlin.

Sofija Onufriv (1970) studierte Germanistik an der Universität Lemberg. Sie arbeitet seit einigen Jahren freiberuflich als Kulturmanagerin und Übersetzerin. Sie übersetzte Juri Andruchowytschs *Mein Europa* ins Deutsche und Thomas Brussig ins Ukrainische. Mitglied im Verein *translit e.V.* Sie lebt in Berlin und Lemberg. In dem vorliegenden Band hat sie die muttersprachliche Expertise der ukrainischen Texte übernommen.

Lydia Nagel (1977) studierte nach einer Korbmacherlehre in Berlin, Belgrad und Moskau Slawistik und Kulturwissenschaft. Seit 2011 ist sie wissenschaftliche Mitarbeiterin für ostslawische Sprachwissenschaft an der Universität Wien. Sie übersetzt aus verschiedenen slawischen Sprachen ins Deutsche, vor allem zeitgenössische Prosa und Dramatik. Mitglied im *Verein translit e.V.* Sie lebt in Wien und Berlin.

ISBN 978-3-940524-16-4

© für diese Ausgabe:
edition.fotoTAPETA Berlin, 2012
© für die Texte von Tanja Maljartschuk, Irena Karpa, Olexandr Hawrosch, Oksana Sabuschko, Natalka Sniadanko, Serhij Zhadan:
bei den Autoren
© für die Texte von
Maxym Kidruk, Andrij Kokotjucha, Artem Tschech,
Saschko Uschkalow, Jurij Wynnytschuk:
Klub simejnoho dozvillja, Charkiw 2011
© für die Übersetzungen ins Deutsche:
Verein translit e.V., Berlin 2012
© Foto im Umschlag:
Evgeny Kraws, Lemberg

Umschlaggestaltung: Gisela Kirschberg, Berlin,
unter Verwendung einer Grafik von atemplate.com
Satz und Gestaltung: Gisela Kirschberg, Berlin
Druck: OPOLGRAF S.A., www.opolgraf.com.pl

Gesetzt aus der Minion und Frutiger

Dieses Buch entstand mit freundlicher Unterstützung von:

Robert Bosch **Stiftung**